Gustav Keller
Die Gewissensentwicklung der Geschwister Scholl

Gustav Keller

Die Gewissensentwicklung der Geschwister Scholl

Eine moralpsychologische Betrachtung

Centaurus Verlag & Media UG

Zum Autor:
Gustav Keller, geb. 1950, Studium der Psychologie mit Abschluss Diplom-Psychologe, Promotion zum Dr. phil. Von 1974-2012: Tätigkeit als Schulpsychologe, Psychologischer Schulberater, Supervisor, Lehrerfortbildner. Er ist Autor zahlreicher pädagogisch-psychologischer Fach- und Sachbücher.

Bibliografische Informationen der Deutschen Nationalbibliothek
Die Deutsche Nationalbibliothek verzeichnet diese Publikation in der Deutschen Nationalbibliografie; detaillierte bibliografische Daten sind im Internet über http://dnb.d-nb.de abrufbar.

ISBN 978-3-86226-257-1   ISBN 978-3-86226-897-9 (eBook)
DOI 10.1007/978-3-86226-897-9

Gedruckt auf säurefreiem und chlorfrei gebleichtem Papier.

Alle Rechte, insbesondere das Recht der Vervielfältigung und Verbreitung sowie der Übersetzung, vorbehalten. Kein Teil des Werkes darf in irgendeiner Form (durch Fotokopie, Mikrofilm oder ein anderes Verfahren) ohne schriftliche Genehmigung des Verlages reproduziert oder unter Verwendung elektronischer Systeme verarbeitet, vervielfältigt oder verbreitet werden.

© *CENTAURUS Verlag & Media UG (haftungsbeschränkt), Herbolzheim 2014*
www.centaurus-verlag.de

Umschlagabbildung: Nick Andros: Flower of White Rose with drops of water and stem with thorns and green leaves Isolated On white. The innocence, virginity and chastity symbol, www.shutterstock.de
Umschlaggestaltung: Jasmin Morgenthaler, Visuelle Kommunikation
Satz: Vorlage des Autors

Inhaltsverzeichnis

1.	Einleitung	7
2.	Die Psychologie der Moral	9
3.	Der Moralforscher Lawrence Kohlberg	12
4.	Kohlbergs Stufen der Moral	17
5.	Politischer Widerstand: ein Prüfstein der Moral	23
6.	Die Gewissensentwicklung der Geschwister Scholl	26
7.	Aufrecht vor dem Volksgerichtshof	71
8.	Tapfer in den Tod	75
9.	Schluss	78
10.	Flugblätter der Weißen Rose	82
11.	Personen	100
12.	Zeittafel: Hans und Sophie Scholl	104
13.	Literaturverzeichnis	109
14.	Abbildungsverzeichnis	115

1. Einleitung

... das Gewissen entwickelt sich und wird nicht eher tätig als mit den Einsichten der Menschen.
Jean-Jacques Rousseau

(Der Mensch) ist zur Moral fähig, zu ihr auch berufen, er muß sich aber auch zu ihr entwickeln.
Otfried Höffe

Widerstand ist nicht, Widerstand wird.
Joachim Gauck

Der Widerstand der Geschwister Scholl und des Weiße-Rose-Kreises gegen das NS-Regime gehört zum zeitgeschichtlichen Grundwissen. Er ist in Biografien, wissenschaftlichen Analysen, Filmen und Theaterstücken immer wieder thematisiert worden. Sein Bekanntheitsgrad ist sowohl national als auch international überdurchschnittlich hoch.

Was in der Aufarbeitung bisher weitgehend gefehlt hat, ist eine moralpsychologische Analyse. Dies verwundert, denn jeder politische Widerstand ist letztlich ein Aufstand des menschlichen Gewissens gegen ein Unrechtssystem. Und dieses widerständige Gewissen ist das Ergebnis eines psychischen Entwicklungsprozesses.

Wie das moralische Gewissen im Menschen entsteht und die moralische Urteilsfähigkeit sich entfaltet, war ein zentrales Thema im Forscherleben des Entwicklungs- und Moralpsychologen Lawrence Kohlberg. Seinem Stufen-Modell der menschlichen Moralentwicklung wohnt eine spezielle Entwicklungslogik inne. Es fand weltweit große Beachtung und regte zu intensiver Forschungstätigkeit an.

An Hand von Kohlbergs Entwicklungsmodell habe ich den Versuch unternommen, die Gewissensentwicklung von Hans und Sophie Scholl zu rekonstruieren. Dass ich sie als Exempel ausgewählt habe, soll die Rolle ihrer

Mitstreiter und Gesinnungsfreunde in keiner Weise schmälern. Die von mir gewonnenen Erkenntnisse sind auch auf die anderen Mitglieder der Weißen Rose übertragbar.

Am Beginn des Buches erhalten die Leserinnen und Leser eine kurze Einführung in die Psychologie der Moral. Da Kohlbergs Modell und sein Lebenshintergrund eng zusammenhängen, wird zunächst Einblick in seine Biografie genommen. Danach wird sein Modell der Moralentwicklung näher erläutert. Darauf aufbauend wird die Gewissensentwicklung der Geschwister Scholl beschrieben und analysiert, angefangen von ihrer Kindheit bis zu ihren letzten Lebenstagen. Im neunten Kapitel wird in Form eines moralpsychologischen Vermächtnisses der Geschwister Scholl das Fazit gezogen. Der Schlussteil enthält die Texte der sechs Flugblätter, kurzbiografische Anmerkungen zu den in den Kapiteln 6, 7 und 8 genannten Personen sowie eine Zeittafel zum Leben der Geschwister Scholl.

An dieser Stelle danke ich Dr. Silvester Lechner, dem ehemaligen Leiter des Dokumentationszentrums Oberer Kuhberg Ulm, für wertvolle Hinweise und Ermutigungen. Barbara Plath-Groß verdanke ich wichtige Informationen aus theologisch-ethischer Sicht. Ebenso gilt der Dank meiner Frau Birgit Keller für das gründliche Redigieren des Manuskripts.

2. Die Psychologie der Moral

Die Philosophie beschäftigt sich vor allem (aber nicht nur) mit dem moralischen „Sollen", die Psychologie vor allem (aber nicht nur) mit dem moralischen „Sein". Die Psychologie versucht also zu begründen, wie und warum die Menschen so handeln, wie sie handeln.

Horst Heidbrink

Unter Moral versteht man ethisch-sittliche Werte, die in einer Gesellschaft die Lebensführung der Menschen steuern sollen. Sie sind Maßstäbe für das Sozialverhalten, für den Umgang mit der eigenen Person und für die Beziehung zur natürlichen Umwelt. Dabei ist wichtig zu wissen, dass Moral nicht identisch mit Recht ist. Moralische Grundsätze fließen zwar in die Gesetze ein, können aber nicht ohne Weiteres auf dem Klageweg gerichtlich eingefordert werden. Denn nicht alles, was moralisch gut ist, ist rechtens. Und nicht alles, was schlecht ist, ist Unrecht.

Was moralisch gut und schlecht ist, darüber räsonieren die Menschen seit Langem. Ihnen war schon immer bewusst und einsichtig, dass Gruppen und Gesellschaften Soll-Werte brauchen, um zu überleben. Möglicherweise waren Erfahrungen von Gewalt und Chaos die wichtigsten Förderer der kulturellen Moralentwicklung. Und so entstanden zunächst in den Religionen, später in der säkularen Welt Moralkataloge. Angefangen von den Zehn Geboten bis hin zu der Allgemeinen Erklärung der Menschenrechte.

Die Moral des Menschen ist kein reines Produkt der Kulturentwicklung. Sie ist, so eine Erkenntnis der Neurowissenschaften, als biologische Disposition im Menschen angelegt. Man spricht von moralischen Instinkten, die sich in Form basaler moralischer Gefühlsreaktionen wie Scham, Mitgefühl, Mitleid, Empörung als auch in Form von Stolz und Zufriedenheit äußern.[1] Zu dieser Erkenntnis gelangte schon vor über zweihundert Jahren Jean-Jacques Rousseau, als er sein klassisches Werk „Émile oder Über die Erziehung" verfasste:

---

[1] Verplaetse 2011.

Es liegt tief in unserer Seele ein angeborenes Prinzip der Gerechtigkeit oder der Tugend, nach dem wir unsere Handlungen und die anderer beurteilen, ob sie gut oder böse sind.[2]

Allerdings bedarf dieser instinktive Grundsinn für Moral der Entwicklung eines geistig-ethischen Überbaus im Kontext einer moralisch sensibilisierenden Umwelt. Es ist ein langer Entwicklungsweg, bis der Mensch seine Moralität ausgebildet hat. Idealerweise so, wie sie im kategorischen Imperativ Immanuel Kants zum Ausdruck kommt: *Handle nur nach derjenigen Maxime, durch die du zugleich wollen kannst, dass sie ein allgemeines Gesetz werde.*[3]

Die Moralität ist eine zentrale psychische Eigenschaft des Menschen. Sie ergibt sich aus einem komplizierten Zusammenwirken mehrerer Komponenten.[4] Erstens bedarf es der Fähigkeit, moralisch zu denken. Also zu erkennen und zu beurteilen, was gut und böse ist. Zweitens ist moralisches Fühlen angezeigt. Fühlen, dass man etwas Falsches getan hat. Sich in den Anderen, dem Unrecht widerfahren ist, hineinversetzen. Über Unrecht sich betroffen oder gar empört zeigen. Drittens braucht man Wertmaßstäbe, an Hand deren man ermessen kann, was gut und böse ist. Viertens ist der Wille zum Guten vonnöten, also der Antrieb zum moralischen Handeln. Und nicht zuletzt steht und fällt die Moralität damit, ob man das, was man propagiert, tatsächlich auch tut.

Die psychische Instanz, die uns veranlasst, aus moralischen Gründen zu handeln oder etwas zu unterlassen, ist das Gewissen. In seiner Grundform entspricht es der Persönlichkeitsinstanz, die Sigmund Freud als Über-Ich bezeichnet hat.[5] Es präsentiert die moralischen Maßstäbe, die der Mensch im Verlauf seiner Entwicklung von den primären Bezugspersonen, insbesondere von Eltern, übernommen hat. Werden die verinnerlichten Gebote und Verbote nicht befolgt, wird das Gewissen zum schlechten Gewissen. Es reagiert mit inneren Sanktionen, die sich in Form von Unbehagen, Angst und Schuldgefühlen bemerkbar machen. Diese Gewissensbisse erinnern uns an unsere moralischen Pflichten.

---

[2] Rousseau 1971, 303.
[3] Kant 1786, 52.
[4] Oser 2008, 256.
[5] Freud 2011, 267ff..

Das Gewissen ist in seiner reifen Form ein persönlich weiterentwickelter Wertehorizont, der mehr ist als das Über-Ich. Aus dessen Perspektive wird der moralische Wert eigener und fremder Handlungen kritisch überprüft. An diesem Ort wird auch über die Gültigkeit von Werten fortlaufend nachgedacht.

Es gibt skrupellose Menschen, die sich über das Gut und Böse ihres Tuns kaum oder keine Gedanken machen. Ein Phänomen, das als Gewissenlosigkeit beziehungsweise Psychopathie bezeichnet wird. Ihnen fehlt nicht nur die sittlich-ethische Grundhaltung, sondern auch die moralische Emotionalität. Sie empfinden vor, während und nach unmoralischen Handlungen keine Schuldgefühle. Ebenso mangelt es ihnen an Empathie. Es ist durchaus möglich, dass sie moralische Normen kennen. Sie haben diese jedoch nicht verinnerlicht und werden deshalb auch nicht von Gewissensbissen geplagt. Sie lassen sich von egoistischen und aggressiven Motiven leiten.

Eine Person, die sich aus seinem Denken und Handeln kein Gewissen machte, war Adolf Hitler. Für ihn sollte nicht das Gewissen das Handeln der Menschen leiten, sondern die menschenverachtende nationalsozialistische Ideologie. Die Vorstellung von einer inneren Humaninstanz war ihm ein Gräuel: *Das Gewissen ist eine jüdische Erfindung, eine Verstümmelung des menschlichen Wesens. Ich befreie den Menschen von der schmutzigen und erniedrigenden Selbstpeinigung.*[6]

---

[6] http://www.livenet.de/themen/gesellschaft/ethik/ethik/145738-was_ist_das_gewissen.html

3. Der Moralforscher Lawrence Kohlberg

Es wird lange Zeit dauern, um die Tragweite seines Werkes vollständig zu begreifen.
William Damon

Derjenige Psychologe, der sich bisher am intensivsten mit der Moralentwicklung des Menschen beschäftigte, war Lawrence Kohlberg. Er wurde am 25.10.1927 als viertes Kind einer wohlhabenden jüdischen Familie geboren. Die Großeltern seines Vaters waren Mitte des 19. Jahrhunderts aus Deutschland in die Neue Welt eingewandert.

Sein Vater trennte sich von seiner Mutter, als Lawrence fünf Jahre alt war. Als sie schließlich geschieden wurden, wurden er und seine Geschwister aufgrund eines Gerichtsurteils gezwungen, sich für einen der beiden Elternteile zu entscheiden. Lawrence entschied sich für ein Leben beim Vater.

Seine High-School-Jahre verbrachte er in einem berühmten amerikanischen Internat, das während des amerikanischen Unabhängigkeitskrieges gegründet wurde. Es handelte sich um die Philipps Academy in Andover, Massachusetts. Unter anderem besuchte diese Schule eine Zeitlang auch Humphrey Bogart, der sie 1918 wegen disziplinarischer Verstöße verlassen musste.

An dieser Elite-Schule, die damals nur 15% der Bewerber aufnahm, erzielte Kohlberg zum einen exzellente Schulleistungen. Zum anderen fiel er negativ auf, weil er immer wieder mit der rigiden Internatsordnung aneckte. Darauf angesprochen, lautete später sein ironischer Kommentar: *Ich glaube, ich versuchte, mit dem schulischen Verhalten des berühmtesten ehemaligen Schülers dieser Institution, Humphrey Bogart, zu wetteifern – der wurde hinausgeworfen. Wenn ich als High-School-Schüler überlegt hätte, am Ende im Gebiet der moralischen Erziehung zu landen, ich hätte es absolut nicht geglaubt. In der Tat, die Welt tut einem komische Dinge an.*[7]

---

[7] http://bildungsserver.berlin-brandenburg.de/fileadmin/bbb/zielgruppen/lehramtsanwaerterinnen/kohlberg1.pdf

Nach dem High-School-Abschluss im Jahre 1945 trat Kohlberg dienstverpflichtet in die amerikanische Handelsmarine ein und gelangte nach Europa. Unter dem Eindruck der moralischen Katastrophe des Holocaust und seiner Folgen quittierte er den Marinedienst. Er heuerte auf einem Schiff als Maschinist an, dessen Besatzung ihre Mission darin sah, jüdische Flüchtlinge illegal durch die britische Blockade nach Palästina zu schleusen. Die Paducah, so hieß das Schiff, war ursprünglich ein Schulschiff der Navy. Man gab vor, Bananen zu transportieren und hatte in Wirklichkeit 1500 Überlebende des Holocaust an Bord. Etwa zehn Meilen vor der Küste, südlich von Haifa, wurde die Paducah von der britischen Marine aufgebracht.

Danach wurden die Besatzung und die Flüchtlinge in Lanarca auf Zypern interniert. Während seines Lageraufenthalts dachte Kohlberg über moralische Konflikte und die Moralität des Widerstands intensiv nach. Er entschloss sich, diesen Fragen wissenschaftlich auf den Grund zu gehen.

Mit Hilfe der jüdischen Untergrundorganisation Haganah schaffte Kohlberg es schließlich, zusammen mit anderen Internierten nach Palästina zu fliehen. Dort verbrachte er einige Monate in einem Kibbuz. 1947 verließ er mit gefälschten Ausweisen das Gelobte Land, um in die USA zurückzukehren.

Kohlberg wollte zunächst ein Studium der Rechtswissenschaft aufnehmen, *da Gerechtigkeit dort im Mittelpunkt der Aufmerksamkeit zu stehen hat*.[8] Diesen Plan gab er jedoch auf, nachdem er in einem psychiatrischen Praktikum mitbekam, wie eine Patientin wegen eigensinnigen Verhaltens mit Elektroschocks traktiert wurde. Dagegen protestierte er, allerdings ohne Erfolg. Aus diesem Ungerechtigkeitserlebnis entstand der Entschluss, Psychologie zu studieren und seine Vision von der humanen Behandlung seelisch Leidender verwirklichen zu helfen.

An der University of Chicago bewarb er sich um einen Studienplatz im Fach Psychologie. Die hierfür notwendige Aufnahmeprüfung bestand er so ausgezeichnet, dass er vom Besuch vieler Pflichtveranstaltungen entbunden wurde und somit innerhalb eines Jahres seinen Bachelor erwerben konnte. Seine ursprüngliche Intention, Klinischer Psychologe zu werden, verwirklichte er jedoch nicht. Als er Jean Piagets Theorie der moralischen Entwick-

---

[8] Garz 2008, 89.

lung kennen lernte, war er von ihr so angetan, dass er dieses Thema zu seinem künftigen wissenschaftlichen Schwerpunkt machte. Für ihn war es nun folgerichtig, hierzu ein Promotionsprojekt in Angriff zu nehmen.

Nach Abschluss seines Promotionsstudiums startete er seine Karriere als Hochschullehrer und Forscher. Im Jahre 1959 wurde er Assistenzprofessor für Psychologie an der drittältesten Hochschule der USA, und zwar an der Yale University in New Haven, Connecticut.

Nach einem einjährigen Forschungsaufenthalt am Institut für Verhaltenswissenschaften in Palo Alto, California, führte ihn sein Karriereweg an die Psychologische Fakultät der University of Chigaco. Bis 1965 war er dort als Assistenzprofessor tätig, und in den folgenden drei Jahren als Associate Professor.

Im Jahre 1968 erhielt er einen Ruf an die Harvard University in Cambridge, Massachusetts. Er wurde ordentlicher Professor für Erziehungswissenschaften und Sozialpsychologie. In seiner akademischen Einheit, der Harvard Graduate School of Education (HGSE), gründete er das Zentrum für moralische Entwicklung und Erziehung. Von ihm aus entfaltete sich eine wirksame Prägung und Vernetzung der Moralpsychologie. Kohlbergs Expertise erlebte eine weltweite intensive Nachfrage.

Während Kohlbergs akademischem Wirken standen moralpsychologische Themen im Mittelpunkt seiner wissenschaftlichen Arbeit. Gegenstände seiner zahlreichen Studien waren die Entwicklung und Messung der moralischen Urteilsfähigkeit, die Förderung der Moralentwicklung durch moralische Dilemmata sowie die Beziehung zwischen moralischem Urteil und moralischem Handeln. Seine Erkenntnisse verblieben nicht in der Scientific Community, sondern er setzte sie um in die Unterrichtspraxis und in die Entwicklung und Erprobung der „Gerechten Schulgemeinschaft". Spezifikum dieses Schulkonzepts ist das systematische demokratische und soziale Lernen durch Institutionen wie Klassenrat, Schulversammlung, Streit-Schlichtung und moralpädagogische Unterrichtseinheiten. Im Grunde genommen wollte er Menons Frage an Sokrates, ob Moral lehrbar ist, praktisch beantworten.[9]

---

[9] Lind 2009, 35.

Zur Wirksamkeit der auf dem Kohlberg-Modell basierenden Unterrichts- und Schulprogramme liegen ermutigende Forschungsbefunde vor.[10] Nachgewiesen sind deutlich positive Effekte auf die sozialmoralische Entwicklung der Schüler, das Schulklima und die schulische Verhaltenskultur. Hinzu kommen positive Änderungen im schulischen außerschulischen Sozialverhalten.

Lawrence Kohlberg

Kohlberg war nicht nur ein ausgezeichneter Wissenschaftler und Hochschullehrer, sondern auch eine Seele von Mensch. Das heißt: Er erforschte zum einen die menschlichen Werte, zum anderen lebte er sie auch. Seinen Mitarbeitern und Studenten begegnete er mit einem hohen Maß an Achtung und Wertschätzung. Legendär war das lokale Ethos im dritten Stock der Larsen Hall, einem achtstöckigen Gebäude auf dem Campus der Harvard Graduate School of Education.[11] Dort, in Kohlbergs Institut, war das zwischenmenschliche Klima von einem besonders humanen Geist bestimmt.

Leider wurde Kohlbergs Gesundheit durch eine Parasiteninfektion, die er sich während eines Forschungsaufenthalts in Belize zuzog, gravierend be-

---
[10] Oser/Näpflin 2010.
[11] http://www.gse.harvard.edu/news/features/larry10012000_page1.html

einträchtigt. Es handelte sich um den Erreger Giardia lamblia. Da die Ursache dieser Dünndarmerkrankung erst zwei Jahre nach der Infektion entdeckt wurde, war eine kurative Therapie nicht mehr möglich. Trotz seines sich stetig verschlimmernden Leidens versuchte er tapfer, sein Arbeitsprogramm zu erledigen. Er litt so sehr, dass er seine Lehrveranstaltungen immer wieder unterbrechen musste. Sein Leiden wurde schließlich unerträglich. Dieses beendete er am 19. Januar 1987 durch einen Suizid, indem er sich bei Winthrop, Massachusets, in die kalten Fluten des Meeres stürzte. Erst am 6. April 1987 wurde seine Leiche gefunden.

Am 20. Mai 1987 nahm an der Harvard University eine tief betroffene Trauergemeinde Abschied von einem großen Wissenschaftler, den alle liebevoll Larry nannten. In einem Nachruf, der die Trauerreden zusammenfasste, hieß es:

Es war eindrucksvoll, dass all diese Menschen, die ihn zu verschiedenen Zeitpunkten während seines Lebens und in so verschiedenen Kontexten gekannt haben, alle die gleiche Person in ihm gesehen hatten: Seine äußere Erscheinung war unordentlich, seine Kleidung zerknittert, und doch hatte er eine verbindliche und gesellige Art. Er zeigte Mut und Leidenschaft in der Bewältigung von Ideen und Problemen und dabei besaß er eine wundervolle Fähigkeit, Freundschaften aufzubauen und aufrechtzuerhalten und in einem offenen Dialog mit Kritikern zu bleiben. Er war ein Erneuerer und Führer, doch einer, der für einige der ältesten Ideen, die man kennt, Partei ergriff. Er gab so vielen Menschen so viel, doch sich selbst nahm er das Leben.[12]

---

[12] http://escuelahistoria.fcs.ucr.ac.cr/contenidos/mod-cole/2005/k-1927.htm

4. Kohlbergs Stufen der Moral

Um die Moralstufen zu begreifen, wird es hilfreich sein, sie in eine Abfolge der Entwicklung der Gesamtpersönlichkeit einzuordnen.
Lawrence Kohlberg

Wie in Kapitel 3 bereits erwähnt, wurde Kohlberg beim Entwurf seines Stufenmodells vom Entwicklungspsychologen Piaget inspiriert. Dieser beschäftigte sich Anfang der dreißiger Jahre in verschiedenen Studien mit der Moralentwicklung im Kindesalter.[13] Er fand heraus, dass Kinder zunächst über kein Normbewusstsein verfügen, sondern sich bei der Frage, ob ein Verhalten gut oder böse ist, an dessen Folgen orientieren. Dieser vormoralische Zustand wird dann abgelöst durch das Stadium der heteronomen Moral. Es ist gekennzeichnet durch Gehorsam gegenüber erwachsenen Autoritäten und starres Festhalten an den vorgegebenen Regeln. Mit fortschreitender Denkentwicklung erkennen viele Heranwachsende, dass Regeln nicht unumstößlich sind, sondern auf sozialer Übereinkunft beruhen. Gleichzeitig wird ihr moralisches Urteil flexibler, indem die Umstände und Beweggründe eines Handelns berücksichtigt werden.

Jean Piaget

---

[13] Piaget 1932

Kohlbergs wissenschaftliches Ziel war es, Piagets Erkenntnisbasis zu erweitern und eine differenzierte Theorie der Moralentwicklung zu entwerfen. Hierzu entwickelte er ein spezielles Forschungsinstrument, das aus moralischen Dilemma-Geschichten und Interviews zur Erhebung der Stufen des moralischen Urteils bestand. Für jede Dilemma-Geschichte mussten die Probanden eine Lösung finden und ihr moralisches Urteil begründen. Das bekannteste ist die folgende Geschichte von Heinz.[14]

In einem fernen Land lag eine Frau, die an einer besonderen Krebsart erkrankt war, im Sterben. Es gab eine Medizin, von der die Ärzte glaubten, sie könne die Frau retten. Es handelte sich um eine besondere Form von Radium, die ein Apotheker in der gleichen Stadt erst kürzlich entdeckt hatte. Die Herstellung war teuer, doch der Apotheker verlangte zehnmal mehr dafür, als ihn die Produktion gekostet hatte. Er hatte 200 Dollar für das Radium bezahlt und verlangte 2000 Dollar für eine kleine Dosis des Medikaments. Heinz, der Ehemann der kranken Frau, suchte alle seine Bekannten auf, um sich das Geld auszuleihen, und er bemühte sich auch um eine Unterstützung durch die Behörden. Doch er bekam nur 1000 Dollar zusammen, also die Hälfte des verlangten Preises. Er erzählte dem Apotheker, daß seine Frau im Sterben lag, und bat, ihm die Medizin billiger zu verkaufen bzw. ihn den Rest später bezahlen zu lassen. Doch der Apotheker sagte: ›Nein, ich habe das Mittel entdeckt, und ich will damit viel Geld verdienen.‹ – Heinz hat nun alle legalen Möglichkeiten erschöpft; er ist ganz verzweifelt und überlegt, ob er in die Apotheke einbrechen und das Medikament für seine Frau stehlen soll.

Aus der Analyse der moralischen Begründungen leitete Kohlberg sein weltweit bekannt gewordenes Modell der Moralentwicklung ab.[15] Es besagt, dass die Moral sich in sechs Stufen entwickelt, denen drei Ebenen zugeordnet sind. Die Entwicklung schreitet graduell voran, ohne dass eine einzelne Stufe ausgelassen wird. Von Stufe zu Stufe vollzieht sich ein qualitativer Fortschritt. Das heißt, dass die moralischen Urteile differenzierter und fundierter werden. Diese werden im Entwicklungsverlauf in immer stärkerem Maße vom Prinzip der Gerechtigkeit bestimmt.

---

[14] Kohlberg 1996, 495.
[15] Ebd., 51ff.

Die Entwicklungsstufen sind kulturell universell. Dennoch gibt es zwischen den Kulturen hinsichtlich dem Entwicklungsfortschritt und der Wertigkeit moralischer Begründungen Unterschiede.

Kohlbergs Stufenmodell wird im Folgenden näher beschrieben und erläutert:

Präkonventionelle Ebene

Stufe 1: Orientierung an Bestrafung und Gehorsam

Ob etwas rechtens ist, hängt von den Folgen einer Handlung ab. Was nicht bestraft wird, ist erlaubt. Regeln werden zum Zweck der Strafvermeidung befolgt. Gut ist, wenn man andere nicht schädigt und den Autoritätspersonen gehorcht. Gehorsam verhält man sich vor allem jenen gegenüber, die Sanktionsmacht besitzen.

Stufe 2 : Instrumentelle Orientierung

Gut ist, was dem persönlichen Interesse nützt und die eigenen Bedürfnisse befriedigt. Moralisch angemessenes Verhalten ist ein Mittel zum Zweck von Belohnung, Befriedigung, Anerkennung und Vorteilen. Gefälligkeiten beruhen auf dem Prinzip der Gegenseitigkeit: *Wenn du mir entgegenkommst, helfe ich auch dir.*

Konventionelle Ebene

Stufe 3: Guter Junge – liebes Mädchen

Wohlverhalten ergibt sich aus dem Bedürfnis nach Anerkennung und Harmonie. Gut ist alles, was die Bezugspersonen erwarten und wertschätzen. Für die zwischenmenschlichen Beziehungen gilt die Goldene Regel: *Was du nicht willst, dass man dir tu, das füg' auch keinem andren zu.*

Stufe 4: Gesetz und Ordnung

Gut ist, was der Aufrechterhaltung der sozialen Ordnung dient: *Ruhe ist des Bürgers erste Pflicht.* Gesetze sind uneingeschränkt gültig und moralische Richtschnur. Autoritäten müssen geachtet und Pflichten erfüllt werden.

Postkonventionelle Ebene

Stufe 5: Sozialvertragliche Orientierung

Gesetze und Normen sind zwar wichtig, aber sie beruhen auf einem Vertrag, der nach demokratischen Spielregeln geändert werden kann. Sie sind kein Selbstzweck, sondern sollen dem Wohl aller Menschen dienen. Nicht alles, was im Gesetz steht, ist moralisch richtig.

Stufe 6: Orientierung an universellen ethischen Prinzipien

Maßgebend für das menschliche Handeln sind universelle ethische Prinzipien. Hierzu zählen vor allem die Menschenrechte. Geraten gesellschaftliche Normen und ethische Prinzipien miteinander in Konflikt, entscheidet letztlich das persönliche Gewissen.

Keineswegs ist Kohlbergs Modell so zu verstehen, dass es bei allen Menschen ein Fortschreiten von der ersten bis zur sechsten Stufe gibt. Eine Teilgruppe der Menschen kommt über die präkonventionelle Ebene der Moral nicht hinaus. Ihr Gewissen existiert, auch im Erwachsenenalter, weitgehend extern. Es ist an die Präsenz von Autoritäten und Normkontrolleuren gebunden.

Die Mehrheit schafft es bis auf die Ebene der konventionellen Moral. Sie hat die tradierten Wertvorstellungen mehr oder weniger fest in Form eines Gewissens verinnerlicht. Dieses ist eine Zensurinstanz, die im Falle von Normabweichungen hauptsächlich mit Schuldgefühlen operiert.

Nur eine Minderheit erreicht die postkonventionelle Ebene, auf der das Gewissen zur selbstständigen, kritisch prüfenden, autoritätsunabhängigen Moralinstanz wird. Und davon gelangen nur sehr wenige außergewöhnliche Menschen schließlich auf die höchste Stufe der Moral. Das sind diejenigen, die sich in moralischen Entscheidungssituationen gewissensorientiert ein selbstständiges Urteil bilden und zu einem risikointensiven moralischen Handeln bereit sind.

Entgegen der ursprünglichen Annahme Kohlbergs kann es zu Rückschritten auf eine niedrigere moralische Stufe kommen.[16]

Auslöser dieser Regression sind häufig situative Druckkräfte in einer amoralischen sozialen Umwelt. Der Sozialpsychologe Philip Zimbardo, der das weltberühmte Stanford-Prison-Experiment durchführte, spricht diesbezüglich vom *Luzifer-Effekt*.[17]

Bis zu welcher moralischen Stufe ein Mensch letztlich aufsteigt, hängt von verschiedenen Einflussfaktoren ab. Im Entwicklungsgeschehen spielt die Denkfähigkeit eine besondere Rolle. Nach Kohlberg ist die Entwicklung des logischen Denkens *eine notwendige Bedingung für Moralentwicklung, sie ist aber keine hinreichende Voraussetzung. Viele Individuen haben eine höhere logische, aber noch nicht die parallele moralische Stufe erreicht; dagegen befindet sich niemand auf einer höheren moralischen als logischen Stufe.*[18] Das Fortschreiten des moralischen Denkens wird vom Bildungsniveau und von Bildungserfahrungen mitbeeinflusst.

Nicht minder entwicklungsförderlich sind die Empathiefähigkeit und die Fähigkeit zur Perspektivenübernahme. Mit Empathiefähigkeit ist gemeint, dass man sich in die emotionale Lage eines Mitmenschen hineinversetzt. Beispielsweise, um nachzuvollziehen, wie es ihm geht, nachdem ihm Unrecht widerfahren ist. Die Fähigkeit zum Perspektivenwechsel bedeutet, sich kurzfristig in die Rolle oder Position eines Mitmenschen zu begeben. Beispielsweise, um die Beweggründe seines Handelns zu ergründen.

Ein weiterer wichtiger Einflussfaktor ist die erzieherische Umwelt. Die menschliche Moralentwicklung verläuft günstiger, wenn die Eltern-Kind-Beziehung warmherzig ist, die Eltern Werte gezielt vermitteln und Gerechtigkeit als zentrales moralisches Prinzip vorleben. Ebenso wirken sich eine systematische Moralerziehung im Klassenzimmer und eine achtsame schulische Sozialkultur positiv aus. Günstig beeinflusst wird das moralische Lernen auch, wenn in Familie und Schule über moralische Fragen gemeinsam gesprochen und nachgedacht wird.

---

[16] Smetana/Turiel 2006.
[17] Zimbardo 2012.
[18] Kohlberg 1996, 124f.

Was den Übergang von der konventionellen zur postkonventionellen Moral im Besonderen betrifft, kommt der Identifikation mit gewissensorientiert handelnden Vorbildpersonen ein wichtiger Einfluss zu. Ähnlich stark ist die Wirkung von erlebter Ungerechtigkeit – sowohl von der, die einem selbst zugefügt wird, als auch von der, die anderen widerfährt.

Bisher ist es noch *niemandem gelungen, die Theorie (Kohlbergs) zu falsifizieren.*[19] Dennoch ist zu Kohlbergs Stufenmodell einschränkend anzumerken, dass sich das moralische Handeln nicht immer auf demselben Niveau bewegt wie die moralische Urteilsfähigkeit. Letztere entscheidet nur darüber, wie in einer moralisch relevanten Situation gehandelt werden soll und welche Gründe dafür sprechen. Das konkrete Handeln erfordert zusätzlich moralischen Mut. Diese auch als Zivilcourage bezeichnete menschliche Eigenschaft bedeutet, sich in Konfliktsituationen für Mitmenschen und moralische Werte ohne Rücksicht auf Nachteile einzusetzen. Wer sozial mutig ist, verfügt über das notwendige Maß an Selbstvertrauen und die Kraft, angstbedingte Handlungsblockaden zu überwinden. Die Herausbildung dieser bewundernswerten Eigenschaft wird durch zivilcouragierte Eltern entscheidend gefördert.

---

[19] Oser 2001, 76.

5. Politischer Widerstand: ein Prüfstein der Moral

Mein Leben lang habe ich mich diesem Kampf des afrikanischen Volkes gewidmet. Ich habe gegen weiße Vorherrschaft gekämpft und ich habe gegen schwarze Vorherrschaft gekämpft. Ich habe das Ideal der Demokratie und der freien Gesellschaft hochgehalten, in der alle Menschen in Harmonie und mit gleichen Möglichkeiten zusammenleben. Es ist ein Ideal, für das ich zu leben und das ich zu erreichen hoffe. Doch wenn es sein soll, so bin ich für dieses Ideal auch zu sterben bereit.
Nelson Mandela

Es gibt Zeitalter und Systeme, in denen die Freiheit der Menschen eklatant eingeschränkt wird. Man nennt sie Diktaturen. Zum einen entstehen sie gewaltsam durch Staatstreiche, indem eine legitime Regierung gestürzt wird. Zum anderen geschieht es immer wieder, dass die Macht zunächst durch Wahlen legal errungen wird und danach die Demokratie systematisch demontiert wird.

Besondere Kennzeichen der diktatorischen Herrschaft sind die Abschaffung der den Freiheitsraum des Einzelnen schützenden demokratischen Grundrechte und die Auflösung der Gewaltenteilung. Hinzu kommt, dass die Macht nicht vom Volk ausgeht, sondern von einer Einzelperson oder Gruppe in Form von Gewaltherrschaft ausgeübt wird. Außerdem findet eine Kontrolle staatlichen Handelns nicht mehr statt. Was rechtens ist, bestimmen der Diktator und sein Machtapparat.

Dem Volk wird suggeriert, dass es sich um eine legitime Herrschaft handelt, die den Einzelnen vor inneren und äußeren Bedrohungen seiner Sicherheit schützt. Hierzu wird ein Feindbild installiert, in das die eigene Bösartigkeit projiziert wird. Es dient dazu, das Volk zusammenzuhalten und es zur Identifikation mit dem Diktator und dessen Regime zu motivieren.

Die diktatorischen Machthaber fordern von den Menschen uneingeschränkten Gehorsam und politisches Wohlverhalten. Wer sich dem Regime widersetzt, wird sanktioniert, inhaftiert und nicht selten malträtiert.

Um sich besonders gefährlicher Oppositioneller zu entledigen, wird in Schauprozessen die Todesstrafe verhängt und vollstreckt. Eine zweite Variante der Eliminierung ist das klammheimliche Verschleppen und Hinrichten von Regimegegnern. Das schmutzige Handwerk der Verfolgung wird häufig speziellen Militäreinheiten und Polizeikräften übertragen, die von Spitzeln und Denunzianten unterstützt werden. Ziel der Terrorherrschaft ist es, das Volk einzuschüchtern und willfährig zu machen.

Falls Wahlen oder Plebiszite stattfinden, werden sie so manipuliert, dass das Ergebnis den Diktator und seine herrschende Clique im Amt bestätigt. Die gewählten Volksvertretungen bestehen aus Mitgliedern der Einheitspartei, die als Akklamationsorgan fungiert.

Unter den Diktaturen der Neuzeit war die Nazi-Diktatur (1933-1945) besonders brutal und totalitär. Ihr nationalsozialistischer Führungsanspruch wurde binnen kurzer Zeit umgesetzt. Alle gesellschaftlichen Institutionen und Organisationen wurden gleichgeschaltet. Somit entstand ein Höchstmaß an diktatorischer Machtkonzentration. Mit unbegrenzten Machtbefugnissen entfaltete sich eine skrupellose Gewaltherrschaft. Ein besonders grauenvoller Ort dieser Herrschaftsausübung waren die Konzentrationslager, in denen ohne rechtliche Grundlage politisch und weltanschaulich Andersdenkende und im Sinne der NS-Ideologie missliebige Menschen interniert wurden.

Vom Rassenwahn beseelt betrieb man die systematische Entrechtung, Verfolgung und Vertreibung der Juden. Diese Psychopathologie steigerte sich bis zum Holocaust in den Vernichtungslagern Chelmno, Belzec, Sobibor, Treblinka, Majdanek und Auschwitz-Birkenau. Aus denselben rassistischen Motiven verübte man dasselbe Verbrechen an den Sinti und Roma.

Sich einem solchen Unterdrückungssystem, das alle Machtmittel in den Händen hielt, zu verweigern, erforderte immensen moralischen Mut. Im NS-Regime Widerstand zu leisten, bedeutete, von der verordneten Herrschaftsmoral zu abzurücken, geistig unabhängig zu werden und dem eigenen Gewissen zu folgen.

Wurde aus der oppositionellen Haltung ein aktives Widerstandshandeln, stieg unweigerlich das Risiko, sein Leben aufs Spiel zu setzen. Extrem gefährlich wurde es, wenn man zum Sturz des NS-Regimes und zur Sabotage aufrief. Dies erfüllte als todeswürdig geltende Straftatbestände.

Vor dem Hintergrund der Widerstandsfolgen und angesichts des weit verbreiteten Denunziantentums ist es nicht verwunderlich, dass nur eine sehr kleine Minderheit den politischen Widerstand gegen die NS-Diktatur wagte. Dieser war keine einheitliche und schlagkräftige Bewegung. Ihm lagen unterschiedliche Motivationen zugrunde – politische, ethische und religiöse. Getragen wurde er von weltanschaulich unterschiedlich orientierten Widerstandsgruppierungen und Einzelpersonen. Beispiele für den organisierten Widerstand waren die Zirkel untergetauchter Sozialdemokraten und Kommunisten, der bürgerliche „Kreisauer Kreis" um Helmut James Graf von Moltke, die protestantische Oppositionsbewegung „Bekennende Kirche", der militärische Widerstand mit der Symbolgestalt Claus Schenk von Stauffenberg, die jugendliche Oppositionsgruppe Edelweißpiraten und nicht zuletzt die studentische Widerstandsgruppe Weiße Rose.

Zum Widerstand der einsam agierenden Einzelpersonen zählen zum einen allein agierende Menschen, die versucht hatten, Hitler zu töten. Stellvertretend hierfür steht Georg Elser, der am 8.11.1939 das Bombenattentat im Münchner Bürgerbräukeller verübte. Zum anderen gab es auch den Widerstand im Alltag. Es waren mutige, stille Helden, die Zivilcourage zeigten, indem sie sich Anordnungen widersetzten, Juden Unterschlupf gewährten, Zwangsarbeiter unterstützten oder Gefangenen zur Flucht verhalfen.

Wer zum Widerständler wurde, dem war immer auch bewusst, *daß er sich notgedrungen im Gegensatz zu der nationalen Einstellung der Bevölkerung befand, insbesondere unter den Bedingungen des Zweiten Weltkrieges.*[20] Auf wirksame Unterstützung durch die Bevölkerung konnte er nicht bauen, denn die Mehrheit war antidemokratisch, gehorsam und regimetreu. Aus alledem ist zu erschließen, dass der Widerstand in der nationalsozialistischen Gehorsamsgesellschaft zum ganz besonderen Prüfstein der Moral wurde.

---

[20] Mommsen 1990, 24.

6. Die Gewissensentwicklung der Geschwister Scholl

Das Streben nach moralischem Handeln ist das wichtigste Streben des Menschen. Sein inneres Gleichgewicht, ja, seine Existenz hängen davon ab.

Albert Einstein

Die Erinnerung an den Anti-Nazi-Widerstand ist eng verknüpft mit den Geschwistern Hans und Sophie Scholl, beide Mitglieder der studentischen Widerstandsgruppe Weiße Rose. Warum sie letztlich nicht mehr dem Führer Adolf Hitler, sondern der Macht ihres Gewissens gefolgt sind, ist eine immer wieder gestellte Frage. Wer sie ausreichend beantworten möchte, muss ihre Gewissensentwicklung biografisch rekonstruieren. Denn *man kann das Leben*, so der dänische Philosoph und Theologe Sören Kierkegaard, *nur rückwärts verstehen.*[21]

Diese Rekonstruktion der Gewissensentwicklung der Geschwister Scholl orientiert sich an ihren Lebensereignissen und an den Erkenntnissen der Moral- und Entwicklungspsychologie. Zu diesem Zweck begeben wir uns in ihre früheste Kindheit und begleiten sie bis zum Ende ihres so kurzen Lebens.

Der Vater der Geschwister Scholl war Robert Scholl (*13.4.1891), Absolvent der württembergischen Verwaltungsfachschule, freisinnig eingestellt und bekennender Pazifist. Die Mutter war Lina Scholl, geborene Müller (*5.5.1881), tief gläubige Protestantin und bis zu ihrer Heirat Diakonissin.

Die Scholl-Eltern hatten sich während des Ersten Weltkrieges in einem Lazarett in Ludwigsburg kennengelernt, wo der Vater als Sanitäter und die Mutter als Krankenschwester arbeiteten. Sie gaben sich 1916 das Ja-Wort. Ein Jahr später wurde Robert Scholl in Ingersheim an der Jagst Bürgermeister. Dort kam 1917 Inge, das erste Scholl-Kind, auf die Welt. Neun

---

[21] www.bk-luebeck.de

Monate danach, am 22.9.1918, gab es erneut Nachwuchs. Laut Geburtsurkunde hieß der erste Sohn Fritz Hans, gerufen wurde er Hans. Im Jahr danach wurde Robert Scholl zum Bürgermeister von Forchtenberg an der Jagst gewählt, wo er eine fortschrittliche Kommunalpolitik zu praktizieren begann. In diesem nordwürttembergischen Städtchen wuchs die Familie um folgende Kinder weiter: Elisabeth (*27.2.1920), Sophie (*9.5.1921), Werner (*13.11.1922) und Thilde (*22.3.1925). Das jüngste Kind starb neun Monate später an den Folgen einer Masernerkrankung.

Robert und Lina Scholl

Die Familie Scholl war geprägt von einem bewundernswerten Zusammengehörigkeitsgefühl und einem warmherzigen Beziehungsklima. Die Eltern erzogen ihre Kinder mit der Grundhaltung der Liebe und der Achtsamkeit. Sie legten viel Wert auf geistige und musische Bildung. Ebenso intensiv förderten sie die sozialmoralische Entwicklung durch die Vermittlung christlicher und humanistischer Werte. Und es war ihnen sehr wichtig, dass die Kinder selbstständig denken, urteilen und handeln lernten.

Angesichts dieser günstigen Familienumwelt verwundert es nicht, dass die Scholl-Kinder sich sehr positiv entwickelten. Hans Scholl war ein guter Schüler, lernmotiviert und risikofreudig. Sein Wagemut hätte ihm beinahe das Leben gekostet, als er im Winter 1928/29 den zugefrorenen Fluss Kocher überqueren wollte und ins Eis einbrach.[22]

Sophie Scholl lernte ebenfalls leicht und gerne. Ihre zeichnerisch-malerischen, musikalischen und sprachlichen Fähigkeiten zeigten sich recht früh. Augenfällig waren auch ihr sich sehr früh entwickelndes Moralverständnis und Gerechtigkeitsgefühl. *Schon als Grundschülerin zeigte sie keine Scheu, gegen Ungerechtigkeit in der damals äußerst autoritären Schule aufzutreten.*[23] Darüber hinaus wurde trotz der Tatsache, dass manche Mitmenschen sie in sozialen Situationen zunächst als zurückhaltend erlebten, die Entwicklung eines besonderen Selbstbewusstseins sichtbar. Davon zeugt einer ihrer Sprüche: *Die Brävste bin ich nicht, die Schönste will ich gar nicht sein, aber die Gescheiteste bin ich immer noch.*[24]

Das beschauliche Familienleben im idyllischen Hohenlohe endete im Jahre 1930. Grund war, dass Robert Scholl als Bürgermeister nicht wiedergewählt wurde. Für das konservative Forchtenberger Milieu war er zu wenig leutselig, zu liberal und zu reformerisch. Nun musste er sich nach einem neuen Arbeitsplatz umsehen. Er fand ihn in Stuttgart als Geschäftsführer der Malergenossenschaft. Als Wohnsitz wählte er das nahe Ludwigsburg. Dort kam Sophie Scholl in die dritte Klasse der evangelischen Mädchenvolksschule. Binnen kurzer Zeit wurde sie Klassenbeste. Hans Scholl wurde in die Oberrealschule aufgenommen, wo er sich im Lauf der Zeit in die Gruppe der Leistungsbesten hocharbeitete. In Ludwigsburg wurde er auch Mitglied beim Christlichen Verein Junger Männer, der evangelischen Jugendorganisation.

---

[22] http://www.steffen-lebach.de/pfad.htm
[23] Hartnagel 2008, 14.
[24] Zit. nach Leisner 2004, 21.

Robert Scholl mit seinen Kindern im Jahr 1931

Ludwigsburg war für die Familie Scholl nur eine Zwischenetappe auf dem Weg nach Ulm. Dort stieg der Familienvater in ein Treuhandbüro als Teilhaber ein. Dieses übernahm er schließlich allein, nachdem er die Prüfung als Bücherrevisor und Steuerberater abgelegt hatte. Der Umzug in die alte Reichsstadt fand im März 1932 statt. Sophie Scholl trat in die Oberrealschule für Mädchen ein, Hans Scholl setzte seine Schullaufbahn in der Oberrealschule für Jungen fort. Die Eingewöhnung in die neue Umwelt fiel dem extravertierten Hans Scholl leichter als der introvertierten Sophie Scholl.

Im Verlauf des Jahres 1932 setzte das Sterben der Weimarer Republik vehement ein. Dies war auch in Ulm sichtbar und spürbar, wo die Nationalsozialisten hohe Stimmenanteile erzielten und eine Pro-Hitler-Stimmung um sich griff. Mit wütenden propagandistischen Angriffen bekämpfte man die politischen Gegner und das System der Weimarer Republik. 1932 wurde die NSDAP stärkste Fraktion im Reichstag. Gleichzeitig erhob sie den Anspruch auf die Kanzlerschaft Hitlers. Der greise Reichspräsident Paul von Hindenburg wehrte dieses Ansinnen zunächst ab. Er wollte dem „böhmischen Gefreiten" dieses Amt nicht anvertrauen. Doch sein Widerstand währte nicht lange. In Kooperation mit nationalkonservativen Kreisen gelang der NSDAP der entscheidende machtpolitische Schachzug. Es wurde eine Koalitionsregierung gebildet, der nur zwei nationalsozialistische Minister angehörten, die aber unter der Führung Hitlers stand. Die Mehrheit der Minister bestand aus Konservativen, die der Überzeugung waren, Hitler so im Griff zu haben, dass er keinen politischen Schaden anrichten könne. Unter diesen Voraussetzungen ernannte ihn am 30. Januar 1933 der Reichspräsident zum Reichskanzler. Weder Adolf Hitler noch seine Gefährten haben mit diesem schnellen Erfolg gerechnet. Josef Goebbels vermerkte in seinem Tagebuch: *Hitler ist Reichskanzler. Wie im Märchen!*[25]

Am 10. Februar 1933 wandte sich der Reichskanzler im Berliner Sportpalast direkt an das Deutsche Volk. Er versprach an diesem Tag nichts, sondern seine pathetische Rede kulminierte in einer zentralen Bitte: *Deutsches Volk! Gib uns vier Jahre Zeit, dann richte und urteile über uns. Deutsches Volk, gib uns vier Jahre, und ich schwöre dir, so wie wir und so wie ich in dieses Amt eintreten, so will ich dann auch gehen.*[26]

Der naive Glaube der nationalkonservativen Kabinetts- und Bündnispartner, man werde Hitler in Schach halten, wurde rasch Lügen gestraft. Mit Raffinesse und aggressiven Einschüchterungs- und Erpressungsmethoden stiegen die Nationalsozialisten auf zum Gipfel der Macht. Am 23. März 1933 erfolgte der entscheidende Schritt: das Ermächtigungsgesetz. Der Reichstag übertrug gegen die Stimmen der Sozialdemokraten und in Abwesenheit der bereits verhafteten kommunistischen Abgeordneten die gesamte Staatsgewalt an Adolf Hitler. Kurz danach wurden die Gewerkschaften zerschlagen und die Oppositionsparteien verboten. Die Grundrechte wurden außer Kraft gesetzt und alle gesellschaftlichen Einrichtungen den Zielen des Nationalsozialismus angepasst. Wer es jetzt wagte, dagegen Widerstand zu leisten, wurde inhaftiert oder gar malträtiert gemäß Hitlers Devise: *Wer sich nicht bekehren lässt, muss gebeugt werden.*[27]

---

[25] Zit. nach Kershaw 1998, 523.
[26] Ebd., 575.
[27] Ebd., 559.

Robert Scholl war von dem radikalen politischen Systemwechsel, der sich da vollzog, alles andere als begeistert. Im Gegenteil: Er lehnte Hitler und die Nationalsozialisten entschieden ab. Warnend äußerte er sich im Familienkreis: *Glaubt ihnen nicht, sie sind Wölfe und Bärentreiber, und sie missbrauchen das deutsche Volk schrecklich.*[28] Seine Botschaft, so Inge aus dem Rückblick, zeigte bei den Scholl-Kindern keine Wirkung: *Aber Vaters Worte waren wie in den Wind gesprochen, und sein Versuch, uns zurückzuhalten, scheiterte an unserer Begeisterung.*[29] Wie Millionen deutscher Jugendlicher wurden sie, und zwar zunächst vor allem Inge und Hans Scholl, von der neuen Lichtgestalt in den Bann gezogen und geblendet. Sie identifizierten sich mit dem Übervater Hitler, glaubten seinen verheißungsvollen Versprechungen und waren bereit, ihm zu folgen. Der vierzehnjährige Hans Scholl verehrte den Führer so sehr, dass er ein Hitler-Porträt an der Wand aufhängte. Dies führte zu einem länger dauernden Vater-Sohn-Konflikt.[30] Robert Scholl hängte das Porträt nach Rückkehr von der Arbeit abends ab, Hans Scholl platzierte es am nächsten Morgen wieder an derselben Stelle. Das Machtspiel dauerte so lange, bis der Vater resignierte.

Inge und Hans Scholl empfanden ihre politische Einstellung als moralisch korrekt. Wenn jemand die Nation retten und das Weimarer Chaos beseitigen wollte, war dies nicht verwerflich. Sie hielten die Grundsätze und Normen des Nazi-Regimes für richtig, weil sie im Lichte ihrer konventionellen Moral für die Wiederherstellung der gesellschaftlichen Ordnung und für die Rettung des Vaterlandes existenziell wichtig schienen.

Ihr neuer politischer Glaube wurde auch durch die Faszination befeuert, die von den Aufmärschen, Fackelzügen und Huldigungen ausging. Als besonders ergreifend erlebten sie den 21. März 1933, der Tag, an dem in Potsdam der neu gewählte Reichstag feierlich eröffnet wurde. Es war offiziell ein Volksfeiertag, der auch in Ulm pompös zelebriert wurde.[31] Die Reichswehr, nationalsozialistische und nationale Organisationen sowie alle Schulklassen versammelten sich *unter dem Geläut der Glocken*[32] auf dem Münsterplatz, um dieses historische Ereignis zu feiern. Eine besondere Aufwer-

---

[28] Scholl 2012, 14.
[29] Ebd., 14.
[30] Gottschalk 2012, 34.
[31] Leisner 2004, 46ff.
[32] Ebd., 47.

tung erfuhr das Spektakel durch die kirchliche Beteiligung und Unterstützung. Der evangelische Stadtpfarrer Gustav Oehler huldigte emphatisch dem Führer: *Deutsche Männer und Frauen! Deutsche Christen! Stürme brausen durch das deutsche Volk. Es kracht und ächzt in allen Ästen der deutschen Eiche ... Da und dort fällt dem Stamm auch ein gesundes Reis zum Opfer unter all dem Dürren. Das kann wohl – zu unserem Schmerz – nicht anders sein. Aber wir hoffen und glauben, dass es dennoch der Frühlingssturm ist, dem das das neue Leben alsbald folgt ... Darum empfingen wir, die Glieder eines 14 Jahre lang in endlosen Parteien und Parteilein zersplitterten Volkes, es wirklich wie das Wehen eines herrlichen Geistes, dass nun der große Teil unseres Volkes sich in einem Streben zusammengefunden hat ... darum ist der wunderbare Anfang dieser Einheit ein Gottesanfang.*[33]

Wie in Ulm so präsentierten sich die neuen Machthaber überall mächtig. Um die Macht optimal zu festigen, waren eine Reihe weiterer diktatorischer Strategien vonnöten. Eine davon zielte darauf ab, die Jugendlichen für die nationalsozialistische Ideologie zu gewinnen. Hierzu war schon 1926 die Hitler-Jugend gegründet worden. Sie umfasste das Deutsche Jungvolk (DJ, Jungen von 10-14 Jahren), den Jungmädelbund (JM, Mädchen von 10-14 Jahren), die eigentliche Hitlerjugend (HJ, Jungen von 14-18 Jahren) sowie den Bund Deutscher Mädel (BDM, Mädchen von 14-18 Jahren). Diese waren die einzig legitimen Jugendorganisationen des Dritten Reiches, alle anderen wurden gleichgeschaltet oder aufgelöst.

Obwohl im Jahre 1933 die Mitgliedschaft in der HJ und im BDM noch nicht verpflichtend war, war es Inge und Hans Scholls fester Wille, dort beizutreten. Erneut entzündete sich daran ein scharfer Konflikt mit dem Vater. Er wurde erbittert und tränenreich ausgetragen. Vermutlich war er nicht allein weltanschaulich motiviert, sondern auch ein Vehikel, um sich aus der engen Eltern-Kind-Bindung ein Stück weit zu lösen und eine eigene Identität zu finden. Schließlich obsiegten auch in diesem Konflikt die Kinder. Im Mai wurde Hans Scholl Mitglied der HJ, im Juni Inge Mitglied des BDM.[34] Beide engagierten sich von Beginn an mit viel Einsatz und Leidenschaft. Sie *glaubten, Mitglieder einer großen Organisation zu sein, die alle umfaßte*

---

[33] Beuys 2010, 71.
[34] Ebd., 80.

und jeden würdigte, vom Zehnjährigen bis zum Erwachsenen.[35] Ereignisse, die sie mit eigenen Augen wahrnahmen, wie die Bücherverbrennung auf dem Münsterplatz oder Boykottaktionen gegen jüdische Geschäfte, taten ihrem Enthusiasmus keinen Abbruch.

Die politische Begeisterung von Hans und Inge Scholl übertrug sich auch auf die Geschwister. Im Herbst 1933 traten Elisabeth und Werner in Hitlers Jugendorganisation ein, Sophie folgte im Januar 1934. Die Eltern konnten diesen kollektiven ideologischen Wechsel nicht verhindern. Der Vater redete ihnen zwar immer wieder ins Gewissen, aber seine Worte blieben wirkungslos und verstärkten den Widerstand gegen die elterliche Autorität.

Sophie Scholl war stolz, endlich Adolf Hitlers Jugendorganisation anzugehören. Am 20. April 1934, an des Führers Geburtstag, legte sie ihr Gelöbnis ab: *Jungmädel wollen wir sein. Klare Augen wollen wir haben und tätige Hände. Stark und stolz wollen wir werden: zu gerade, um Streber und Duckmäuser zu sein, zu aufrichtig, um etwas scheinen zu wollen, zu gläubig, um zu zagen und zu zweifeln, zu ehrlich um zu schmeicheln, zu trotzig um feige zu sein.*[36]

Sowohl Hans als auch Sophie Scholl liebten das Gemeinschafts-, Fahrten- und Abenteuerleben in der Hitler-Jugend. Beide gefielen ihren Vorgesetzten wegen ihres Engagements, ihres Pflichtgefühls und ihrer Unerschrockenheit. Dafür wurden sie mit Führungspositionen belohnt. Hans Scholl wurde schon im Oktober 1933 Schaftführer im Jungvolk. In der Folgezeit schaffte er es bis zum Fähnleinführer, der 160 Jungen befehligte. In seinem Fähnlein durfte er auch eine A-Mannschaft aufbauen, deren Jungs für künftige Führungstätigkeiten geschult wurden. Sie hatte einen ausgezeichneten Ruf.

Sophie Scholl bekam im Frühjahr 1935 ihr erstes BDM-Führungsamt übertragen. Sie wurde Schaftführerin und leitete eine Gruppe von 15 Jungmädeln in Ulm-Wiblingen. Den Weg zu ihrem acht Kilometer entfernten Tätigkeitsort legte sie immer mit dem Fahrrad zurück.

---

[35] Scholl 2012, 14.
[36] Beuys 2010, 92.

Hans Scholl führte seine Gruppen zwar streng, aber gerecht. In seine Führungsarbeit investierte er viel Zeit und Herzblut. Die Gruppenaktivitäten gestaltete er so interessant wie möglich. Diese orientierten sich auch an bündischem Brauchtum, das aus der Wandervogelbewegung stammte: Liederabende, Leseabende, Fahrten, Lagerfeuerromantik. Und so verwundert es nicht, dass die Pimpfe ihren Führer sehr verehrten.

Unbeliebt hingegen machte sich Hans Scholl bei katholischen Jugendlichen, die der Hitlerjugend ablehnend gegenüberstanden. Er scheute sich nicht davor, diese körperlich zu züchtigen, wenn sie sonntags nicht *zum HJ-Dienst, sondern zur Pfarrjugend gingen.*[37]

Genauso motiviert wie Hans Scholl packte Sophie Scholl ihre Führungsaufgaben an. *Die Begeisterung, mit der Sophie auf Bäume kletterte, Hürden überwand, schwamm und lief, übertrug sie unbesehen auf ihre Jungmädel.*[38] Ihre Arbeitsweise und ihr Arbeitsprogramm waren vom älteren Bruder stark beeinflusst. Ihre Dienstauffassung war sehr streng. Als ein Mitglied ihrer Gruppe zum zweiten Mal einem Treffen ferngeblieben war, ließ sie es von der Polizei holen. Rigoros setzte sie auch ihre Gleichheits- und Gerechtigkeitsmoral um. Auf den Ausflügen wurde das, was die Mädels an Geld und Verpflegung mitbrachten, gleich aufgeteilt. *Wenn nach langem Wandern Essenspause angesagt war, wurden den Mädchen die Augen verbunden, und sie fischten sich aus dem Proviantberg etwas heraus.*[39] Aufgrund der immensen Zeit, die Sophie Scholl der NS-Jugendarbeit widmete, ließen ihre Schulleistungen nach. Im Abschlusszeugnis des Schuljahres 1935/36 stand: *Hätte aufmerksamer, regsamer und fleißiger sein können.* Im Halbjahreszeugnis des Schuljahres 1936/37 wurde angemerkt: *Könnte entsprechend ihrer Begabung sehr Gutes leisten – leider manchmal etwas gleichgültig und unpünktlich.*[40]

Wer den nationalsozialistischen Jugendorganisationen angehörte, der wünschte sich, einmal am Reichsparteitag in Nürnberg teilnehmen zu dürfen. Im Jahreslauf des Dritten Reiches war dies ein besonderes festliches Ereignis, das sakral anmutend auf den Führer ausgerichtet war. Der Wunsch

---

[37] Holler 1999, 28.
[38] Leisner 2004, 89.
[39] Beuys 2010, 123f.
[40] Ebd., 133.

ging für Hans Scholl in Erfüllung. Ihm wurde sogar die Ehre eines Fahnenträgers zuteil. Dieser Reichsparteitag, auf dem die unheilvollen, antisemitischen Nürnberger Gesetze verkündet wurden, fand vom 10. bis zum 15. September 1935 statt. Er trug das Motto "Parteitag der Freiheit". Was Hans Scholl dort erlebte, war nicht Freiheit, sondern massenpsychotischer Gleichklang und unangenehmer Anpassungszwang. Ernüchtert und verändert kehrte er aus Nürnberg zurück. Im Rückblick beschrieb seine Schwester Inge ihren Eindruck: *Seine Freude war groß. Aber als er zurückkam, trauten wir unseren Augen kaum. Er sah müde aus, und in seinem Gesicht lag eine große Enttäuschung. Irgendeine Erklärung durften wir nicht erwarten. Allmählich erfuhren wir aber doch, dass die Jugend, die ihm dort als Ideal vorgesetzt wurde, völlig verschieden war von dem Bild, das er sich von ihr gemacht hatte.*[41]

Hans Scholls Rückkehr vom Reichsparteitag war noch keine Abkehr vom Nationalsozialismus. Allerdings sah er sich im Bestreben bestärkt, seine HJ-Gruppenarbeit selbstbestimmt zu gestalten. Noch enger als bisher fühlte er sich der Deutsche Jungenschaft 1.11 (dj.1.11) verbunden. Dieser späte Ableger der bündischen Jugend wurde am 1. November 1929 von Eberhard Koebel, der sich Tusk nannte, gegründet. Seine Jungen hatten ein starkes Autonomiebedürfnis, unternahmen Auslandsfahrten, zelteten in Kohten, sangen gerne Lieder anderer Völker, pflegten ein eigenes unverwechselbares Erscheinungsbild und waren aufgeschlossen für moderne Kunst, Literatur und Zen-Philosophie.

Trotz der Gleichschaltung der Jugendorganisationen im Jahre 1933 existierte die dj.1.11 unter dem Deckmantel vieler HJ-Gruppen weiter. Diese Praxis war der HJ-Führung ein Dorn im Auge, weshalb die dj.1.11 am 1.11.1935 dezidiert verboten wurde. Hans Scholl ließ sich davon nicht beeindrucken. Er war der Meinung, dass bündische Praktiken und HJ-Arbeit kompatibel sind. In dieser Auffassung wurde er durch Ernst Reden gefördert und bestärkt. Dieser neue Freund stammte aus Köln, war dort in der Freischar Junge Nation aktiv und von der dj.1.11 begeistert. In Ulm leistete er gerade seinen Wehrdienst im dortigen Infanterieregiment 56 ab.

---

[41] Scholl 2012, 16.

Hans Scholls bündische Sympathien und Aktivitäten waren der Ulmer HJ-Führung nicht unbekannt, denn sein früherer Gruppenführer und jetziger Stammführer Max von Neubeck gehörte einst der dj.1.11 an und pflegte deren Rituale auch in der HJ-Arbeit weiter. Doch nach dem dj.1.11-Verbot wollte dieser mit bündischem Brauchtum nichts mehr zu tun haben und setzte dies strikt um. Seine einst sehr positive Beziehung zu Hans Scholl begann problematisch zu werden. Zusätzlich belastet wurde sie, als er Hans Scholl von der Aufgabe der Nachwuchsschulung entband und dessen A-Mannschaft auflöste. Daraus resultierte ein Vorfall, der sich an Ostern 1936 ereignete. Auslöser war, dass Hans Scholls HJ-Gruppe eine selbst angefertigte, mit einem Wappentier bestickte Fahne besaß, die nicht den Vorschriften entsprach. Bei einem Appell forderte Max von Neubeck die Herausgabe der Fahne mit den Worten: *Ihr braucht keine besondere Fahne. Haltet euch an die, die für alle vorgeschrieben ist.*[42]

Der Weisung des Stammführers widersetzte man sich. Es kam zu einer Konflikteskalation, in deren Gefolge Hans Scholl seinem Stammführer eine Ohrfeige verpasste. Die Strafe folgte dieser Tat auf dem Fuße. Hans Scholl wurde das Amt des Fähnleinführers entzogen. Dennoch durfte er weiterhin seine Jungvolkgruppe führen, die im Grunde genommen eine dj.1.11-Horte war und identisch mit der ehemaligen A-Mannschaft. Sie *tarnte sich nach außen als Jungvolk-Einheit, d. h., sie trat nicht aus dem Jungvolk aus, sondern machte ihre eigenen Unternehmungen ... Alle acht oder 14 Tage ging man mit der Kohte auf Fahrt, zu Ostern gab es ein Lager und zu Pfingsten eine Fahrt in den Böhmerwald.*[43] Höhepunkt der Gruppenaktivitäten war die Lapplandfahrt vom 9. August bis 3. September 1936. Sie wurde regulär beim Bannführer als Jungvolkfahrt angemeldet, kurz vor Fahrtbeginn aber verboten. Trotz dieses Interdikts führte Hans Scholl die Fahrt durch. Finanziell war sie nur möglich durch die bewusste Missachtung der Devisenbestimmungen. Auf der Hinreise verlieh sich die Horte den Namen „Jungenschaft Trabanten" in Anlehnung an ein Gedicht von Stefan George:

Wer je die flamme umschritt
Bleibe der flamme Trabant!
Wie er auch wandert und kreist:

---

[42] Zit. nach Scholl 2012, 16.
[43] Holler 1999, 31f.

Wo noch ihr schein ihn erreicht
Irrt er zu weit nie vom ziel.
Nur wenn sein blick sie verlor
Eigener schimmer ihn trügt:
Fehlt ihm der mitte gesetz
Treibt er zerstiebend ins all.[44]

Die illegale Lapplandfahrt hatte zunächst keine Sanktionen zur Folge. Hans Scholl wurde sogar wieder in die Ulmer HJ-Hierarchie aufgenommen, zwar nicht mehr als Fähnleinführer, aber immerhin als Zugführer. Da der scharfe Konflikt mit Max von Neubeck befriedet war, konnte er sich nun mit freiem Kopf und ruhiger Seele auf das bevorstehende Abitur konzentrieren.

Die Konflikte, in die Hans Scholl geraten war, beeinträchtigten Sophie Scholls BDM-Bindung nicht. Sie fühlte sich dort wohl und zeigte nach wie vor ein hohes Engagement, wofür sie im Mai 1936 mit der Beförderung zur Scharführerin belohnt wurde. Ihr, der Fünfzehnjährigen, unterstanden jetzt 40 Jungmädels.

Obwohl die Identifikation mit den Zielen ihrer Jungmädelarbeit immer noch stark war, trat in ihrem ideologischen Einstellungssystem ein erster Riss auf. Ihr war nämlich nicht einsichtig, weshalb ihrer jüdischen Klassenkameradin Luise Nathan die Hitlerjugend versperrt blieb. Kritisch stellte sie die Frage: *Warum darf Luise, die blonde Haare und blaue Augen hat, nicht Mitglied sein, während ich mit meinen dunklen Haaren und dunklen Augen BDM-Mitglied bin?*[45] Bemerkenswert war auch, dass sie an der Freundschaft mit ihrer jüdischen Klassenkameradin Annelies Wallersteiner unbeirrt festhielt. Ein Bruch wurde aus dem ersten Riss noch nicht. Als sie am Palmsonntag 1937 konfirmiert wurde, betrat sie in ihrer BDM-Uniform die Ulmer Pauluskirche.

In den Monaten nach der Konfirmation scheinen sich dann aber innerpsychische Veränderungen vollzogen zu haben, die sie in ihrem Tagebuch, einem Konfirmationsgeschenk, festhielt.[46] Sie erwähnte starke Gefühlsschwankungen, Selbstzweifel und Sinnfrustrationen. Sie dachte intensiv

---
[44] http://www.aphorismen.de/suche?f_rubrik=Gedichte&f_zeit=20Jh&seite=140
[45] Zit. nach Vinke 1980, 43.
[46] Beuys 2010, 140ff.

über sich selbst nach, wurde kritischer und ging auf größere Distanz zur Erwachsenenwelt. Am 31. August 1937, nach der Rückkehr von einer Böhmerwald-Fahrt, schrieb sie in ihr Tagebuch: *Von der HJ habe ich mich ohne mein Wollen ganz gelöst. Ich habe nichts mehr zu geben, nichts mehr zu nehmen.*[47] Eine Begründung gab sie nicht. Geschah dies aus einer depressiven Verstimmung? War es das Resultat kritischen Reflektierens? Gab es Konflikte innerhalb des BDM? Konsequenzen hatte dieser Satz noch nicht – weder trat sie aus der HJ aus, noch quittierte sie ihre Führungsämter.

Als Sophie Scholl im März 1937 konfirmiert wurde, absolvierte Hans Scholl das Abitur. Damit endeten auch seine aktive HJ-Zeit und die Führung seiner Jungvolk-Gruppe. Über die Osterzeit war er mit seinen Ulmer Trabanten nochmals auf Fahrt. Anschließend wurde er zum Reichsarbeitsdienst in Göppingen eingezogen. Diesen von den Nationalsozialisten als Ehrendienst am Deutschen Volk bezeichnete Tätigkeit stellte er nicht in Frage und sah sie als förderlich für die Entwicklung junger Menschen an. In einem Brief an seine Mutter resümierte er die ersten Arbeitswochen: *Ich habe mich wohl etwas verändert. Innerlich und äußerlich. Das heißt nicht, dass ich meine früheren Grundsätze und Erkenntnisse aufgegeben habe.*[48]

Pfingsten 1937 durfte Hans Scholl bei seiner Familie in Ulm verbringen. Während einer Wanderung mit dem Vater und der Schwester Inge kam ihr Gespräch auf die Konzentrationslager.[49] Was der Vater über diese Institution der Unrechtsherrschaft erzählte, erzeugte nicht den bisher üblichen Widerspruch, sondern Betroffenheit und intensives Nachdenken.

Nachdem Hans Scholl seinen Reichsarbeitsdienst beendet hatte, begann am 1. November 1937 sein Militärdienst in der Cannstatter Kavallerie-Kaserne. Neun Tage später wurde eine reichsweite repressive Aktion gegen bündische Gruppen durchgeführt. Seine Trabanten wurden in der Schule mitten im Unterricht festgenommen. Zeitgleich gab es in der Wohnung der Familie Scholl eine Hausdurchsuchung durch die Gestapo. Inge, Werner und Sophie Scholl wurden verhaftet. Letztere durfte nach kurzer Zeit wieder nach Hause. *Nach vorübergehender Inhaftierung im Ulmer Gefängnis wur-*

---
[47] Ebd., 147.
[48] Jens 1984, 10.
[49] Leisner 2004, 123f.

de die gesamte Gruppe am Abend des Verhaftungstags bei Schneetreiben im offenen LKW über die gerade fertiggestellte Autobahn nach Stuttgart gefahren und dort an den folgenden Tagen verhört.[50] Damit war die Aktion noch nicht beendet. Ein Tag später erfolgte die Verhaftung von Ernst Reden, der inzwischen nach der Beendigung seines Wehrdienstes von Ulm nach Köln zurückgekehrt war.

Hans Scholl zeigte sich von dem, was ihm über die Aktion von zu Hause berichtet wurde, zwar betroffen, aber nicht resignativ. Am 27. November 1937 schrieb er seiner Mutter: *Wir wollen uns nicht als Märtyrer fühlen, obwohl wir manchmal Grund dazu hätten. Denn die Reinheit unserer Gesinnung lassen wir uns von niemandem antasten.*[51] Es dauerte nur drei Wochen, bis Hans Scholl dasselbe Schicksal ereilte. Am 13.Dezember 1937 wurde er in seiner Cannstatter Kaserne verhaftet. Dieses Ereignis war ein schwerer Schlag in seine Seele. Die Eltern unternahmen alles, um ihn zu stützen und seine Entlassung zu bewirken. Das ermutigte ihn und er versuchte auch sich selbst zu helfen und zu stabilisieren: *Ich habe jetzt viel Zeit zur Besinnung und vor meinen Augen zieht in buntesten Farben meine ganze sonnige Jugendzeit vorüber. Zuerst kindliches Spielen, bald ernstes Arbeiten, und zuletzt der rastlose Einsatz für die Gemeinschaft. Wie wenige hatten doch eine solch überaus große und stolze Jugend! Und nun habe ich auch wieder Vertrauen zu meiner Zukunft.*[52]

Weil sein Schwadronchef sich für ihn einsetzte, durfte Hans Scholl am 30. Dezember 1937 in die Freiheit zurückkehren. Diese kurze Zeit im Gefängnis hatte nachhaltige Wirkungen. Zum ersten Mal musste er an der eigenen Seele die Repression der nationalsozialistischen Staatsmacht erfahren. Die Angst vor ihr setzte ihm nach wie vor zu, denn das Gerichtsverfahren ließ weiter auf sich warten. Zusätzliche Irritationen löste in ihm der Einmarsch der deutschen Truppen in Österreich aus. Zum einen hätte er an dieser *Vergnügungsfahrt* gerne teilgenommen.[53] Zum anderen gingen ihm kriegskritische Gedanken durch den Kopf: *Aber was wird alles noch kommen? Bei uns wird ja ordentlich mit dem Säbel gerasselt. Sonst enthalte ich mich jeder Stellungnahme zu den politischen Ereignissen. Mir ist der Kopf schwer.*

---

[50] Holler 1999, 38.
[51] Zit. nach Jens 1984, 12.
[52] Ebd., 13.
[53] Zit. nach Ellermeier 2012, 25.

Ich verstehe die Menschen nicht mehr. Wenn ich durch den Rundfunk diese namenlose Begeisterung höre, möchte ich hinausgehen auf eine große einsame Ebene und dort allein sein.[54]

Die antibündische Gestapo-Aktion in Ulm und Hans Scholls Verhaftung lösten bei den Scholl-Geschwistern Bestürzung aus. Vor allem Sophie Scholl wurde bewusst, was Freiheit ist und wie sehr dieses wertvolle Gut beschnitten wurde. Als sie sechs Jahre später nach ihrer Verhaftung in München von der Gestapo verhört wurde, schilderte sie die persönlichen Folgen dieses Ereignisses: *Die Gründe meiner weltanschaulichen Entfremdung vom BDM und damit der NSDAP, etwa im Jahre 1938, liegen in erster Linie darin begründet, dass meine Schwester Inge, meine Brüder Hans und Werner im Herbst 1938 wegen sogenannter bündischer Umtriebe von Beamten der Geheimen Staatspolizei verhaftet und einige Tage bzw. Wochen in Haft gehalten wurden. Ich bin heute noch der Auffassung, dass das Vorgehen gegen uns als auch andere Kinder aus Ulm vollkommen ungerechtfertigt war.*[55]

Unterwerfungsgesten zeigte Sophie Scholl trotz des Schocks nicht. Genauso wie es Hans Scholl drei Jahre zuvor tat, nahm sie sich zusammen mit anderen BDM-Führerinnen die Freiheit, ihre Jungmädel einen Gruppenwimpel herstellen zu lassen, der nicht das obligatorische Hakenkreuz enthielt. Wegen dieser und anderer Eigenmächtigkeiten kam aus Stuttgart eigens eine Gauführerin angereist. In einem Strafritual wurden Sophie Scholl, ihre Freundin Susanne Hirzel und ihre Schwester Elisabeth ihrer Ämter enthoben. Aus dem BDM wurden sie jedoch nicht ausgeschlossen, da ihnen ansonsten die Zulassung zur Abiturprüfung verwehrt worden wäre. Die BDM-Veranstaltungen besuchte Sophie Scholl nur noch mit halbem Herzen. Viel lieber ging sie jetzt zu den Tanzkränzchen. Dort tanzte sie leidenschaftlich gern mit ihrem Freund Fritz Hartnagel, einem jungen Ulmer Berufsoffizier. Beide hatten sich ineinander verliebt.

Am 7. Mai 1938 erfuhr Hans Scholl offiziell den Inhalt seiner Anklageschrift. Zentrale Anklagepunkte waren die bündischen Aktivitäten, das Devisenvergehen bei der Lapplandfahrt und eine angeblich homosexuelle Beziehung zu einem Mitglied seiner dj.1.11-Gruppe. Das Sondergericht unter Leitung

---

[54] Zit. nach Jens 1984, 16.
[55] Zit. nach Chaussy/Ueberschär 2013, 220.

des Senatspräsidenten Hermann Cuhorst verurteilte ihn zu einem Monat Gefängnis. Infolge einer Amnestie, die Hitler nach dem Einmarsch in Österreich anordnete, wurde ihm diese Strafe erlassen. Er verließ das Gerichtsgebäude ohne Eintrag im Vorstrafenregister. Seinem bündischen Freund Ernst Reden widerfuhr diese Begnadigung nicht. Dessen Strafe galt zwar wegen der Untersuchungshaft als verbüßt, aber er musste anschließend noch einige Monate im Konzentrationslager Welzheim verbringen.

Hans Scholl setzte seinen Wehrdienst fort und erfüllte vorbildlich seine Pflicht. Zwischendurch besucht er immer mal wieder Lisa Remppis, seine erste Liebe, in Leonberg.

Obwohl sich Hans Scholl weiterhin als Patriot bezeichnete, taten sich in den folgenden Monaten seines Wehrdienstes innerlich kritische Distanzen auf. Ihm missfiel zum einen das primitive Verhalten vieler Kameraden, zum anderen ihre naive Haltung: *Und nur ganz wenigen kommt der Gedanke: Warum überhaupt Krieg? Die allermeisten würden blind und dumm mit einer gewissen Neugierde oder Abenteuerlust losmarschieren. Masse, der Begriff wird mir immer verhaßter.*[56]

Während Hans Scholl im Zwangskorsett des Militärs steckte, genoss Sophie Scholl den freien Spielraum, der durch die Degradierung entstanden war. Sie musste nicht mehr mit ihrer Jungmädelschar auf Fahrt gehen, sondern konnte ihre Freizeit freier als bisher bestimmen und gestalten. Sie las viel, zeichnete viel und genoss Ausflüge in die Natur. Im Sommer 1938 unternahm sie mit zwei Freundinnen und ihrem jüngeren Bruder Werner eine Fahrt nach Norddeutschland. Zuerst führte sie ihr Weg zu Inge Scholl, die in Lesum bei Bremen für ein halbes Jahr als Haustochter arbeitete. Anschließend ging es weiter an die Nordsee. Das waren völlig andere Ferien als die Jungmädelfahrten.

Im Herbst 1938 wurde sie mit einem weiteren einschneidenden Ereignis konfrontiert. Nachdem am 7. November 1938 der polnische Jude Herschel Grynszpan in Paris ein Attentat auf den deutschen Diplomaten Ernst Eduard von Rath verübt hatte, war dies für die Nationalsozialisten ein willkommener Anlass für antijüdische Gewaltaktionen. In ihrem publizistische Par-

---

[56] Zit. nach Jens 1984, 19.

teiorgan wurde offen dazu aufgefordert: *Es ist klar, daß das deutsche Volk aus dieser neuen Tat seine Folgerungen ziehen wird. Es ist ein unmöglicher Zustand, dass in unseren Grenzen Hunderttausende von Juden noch ganze Ladenstraßen beherrschen, Vergnügungsstätten bevölkern und als 'ausländische' Hausbesitzer das Geld deutscher Mieter einstecken, während ihre Rassegenossen draußen zum Krieg gegen Deutschland auffordern und deutsche Beamte niederschießen. [...] Die Schüsse in der deutschen Botschaft in Paris werden nicht nur den Beginn einer neuen deutschen Haltung in der Judenfrage bedeuten, sondern hoffentlich auch ein Signal für diejenigen Ausländer sein, die bisher nicht erkannten, dass zwischen der Verständigung der Völker letztlich nur der internationale Jude steht.*[57]

In der Nacht vom 9. auf den 10. November steckten Angehörige von SA und SS im deutschen Reichsgebiet Synagogen in Brand, zerstörten jüdische Geschäfte und peinigten jüdische Mitbürger. Dies geschah auch in Ulm. Das Ulmer Tagblatt kommentierte den Pogrom mit gehässigen Worten: *Wenn auch die Entjudung in Ulm seit der Machtübernahme große Fortschritte gemacht hat, so wollen wir durch unsere Disziplin dazu beitragen, dass das restliche jüdische Pack noch rascher unserer Stadt den Rücken kehrt.*[58]

Was sich in Ulm ereignet hatte, entging der Familie Scholl nicht. Sie alle, die zu den jüdischen Mitbewohnern im Haus Olgastraße 139 eine friedliche Beziehung pflegten, waren über diesen Staatsterror schockiert. Sophie Scholl scheute sich nicht, im Kreis ihrer Klassenkameradinnen sich zu empören.[59] Ganz besonders verurteilte sie die körperliche Misshandlung, die dem Rabbiner Julius Cohn widerfuhr.

Als sich die November-Pogrome ereigneten, hatte Hans Scholl gerade seine Militärausbildung als Reserveoffiziersanwärter abgeschlossen. Weil er Medizin studieren wollte, musste er in Tübingen die Sanitätsschule besuchen. Die sechsmonatige Sanitätsausbildung war Zugangsvoraussetzung für das Medizinstudium. Die Tätigkeit im Reservelazarett Tübingen erfüllte ihn mit viel Sinn: *Der Dienst an den Kranken ist die große Menschlichkeit,*

---

[57] Völkischer Beobachter vom 8.11.1938.
[58] http://www.ulm.de/ulmer_geschichte_die_reichspogromnacht_in_ulm.32350.3076,.htm
[59] Beuys 2010, 186f.

und man muss froh und dankbar sein, dass man als gesunder Mensch anderen helfen kann.[60]

Die Erfahrungen, die Hans Scholl während seiner Sanitätsausbildung sammeln konnte, bestärkten ihn in seiner Studienabsicht. Er wollte unbedingt Arzt werden. Im April 1939 immatrikulierte er sich an der Ludwig-Maximilians-Universität München für das Studienfach Humanmedizin. Mitglied des NS-Studentenbundes wurde er nicht, obwohl deren Funktionäre auf die Erstsemester propagandistischen Beitrittsdruck ausübten. Nach dem Semesterende musste er in Ostpreußen Ernteeinsatz verrichten. Dieser Zwangsdienst gefiel ihm nicht. Freimütig gestand er: *Mich drängt es nach Freiheit, nach dem ungebundenen Fahrtenleben.*[61]

Während Hans Scholl motiviert zu studieren begann, ließ Sophie Scholls Lerneinstellung zu wünschen übrig. Ihrem Freund Fritz Hartnagel bekannte sie: *Am liebsten würde ich die Schule überhaupt aufstecken u. malen anfangen. Geht aber leider auch nicht. Ich habe solche Unlust an der Schule, weil ich das Gefühl habe, dass ich überhaupt nichts schaffe. Tu ich ja auch nicht.*[62] Dennoch erreichte sie dank ihrer hohen Intelligenz das Klassenziel ohne Probleme und damit die Versetzung in die Abiturklasse.

Die Oberprimanerin Sophie Scholl sehnte die Sommerferien 1939 herbei. Sie hatte fest vor, mit ihrem Freund nach Jugoslawien zu reisen. Die Realisierung verhinderte ein allgemeines Ausreiseverbot, das nicht nur wegen der Devisenknappheit, sondern vor allem wegen akuter Kriegsgefahr verhängt wurde. Statt auf den Balkan ging die Reise wieder nach Norddeutschland, zuerst nach Heiligenhafen an der Ostsee, dann an die Nordsee und zuletzt nach Worpswede. Dort war sie von Paula Modersohn-Beckers Bilder fasziniert: *... ich verehre sie richtiggehend. Sie hat für eine Frau ungeheuer selbständig gearbeitet, sich in ihren Bildern nach niemand gerichtet.*[63] Nachdem Fritz Hartnagel aus dienstlichen Gründen den Urlaub vorzeitig beenden musste, verbrachte Sophie Scholl noch einige Tage im Künstlerdorf. In der Jugendherberge machte sie dann erneut Bekanntschaft mit der Unfreiheit des Nazi-Regimes. Während sie unterwegs auf einem

---

[60] Ebd., 40.
[61] Zit. nach Ellermeier 2012, 49.
[62] Zit. nach Hartnagel 2008, 69.
[63] Zit. nach Jens 1984, 128f.

Ausflug war, schnüffelte ein nazikonformer Herbergsgast in ihren Büchern. Daraufhin wollte er die Polizei über die verbotene Literatur informieren. Aufgrund des beherzten Eintretens der Herbergsmutter ließ der Gast seine Absicht fallen. Als Sophie Scholl von dem Vorfall erfuhr, brach sie ihren Aufenthalt sofort ab. Sie kehrte nach Ulm zurück, wo wie überall in Deutschland die Menschen mit dem Kriegsausbruch rechneten.

Am 1. September 1939 befahl Hitler den Einmarsch in Polen, nachdem am Abend zuvor durch einen fingierten Überfall auf den Sender Gleiwitz ein Kriegsanlass konstruiert worden war. Das mit Polen verbündete Großbritannien und Frankreich erklärten dem Deutschen Reich zwar ihrerseits den Krieg, verhielten sich militärisch aber weitgehend abwartend. Hans Scholl gelang es in diesen Tagen gerade noch, das ostpreußische Aufmarschgebiet per Schiff über die Ostsee zu verlassen. Wider die Befürchtungen seiner Familie wurde er nicht zum Kriegsdienst eingezogen. Was in dieser Phase des Kriegsausbruchs sich in seinem Innern abspielte, ist seltsam ambivalent. In seinem Tagebuch schrieb er: *Mich verlangt es nicht nach einem „Heldentum" im Kriege. Ich suche Läuterung. Ich will, dass alle Schatten von mir weichen. Ich suche mich, nur mich. Denn das weiß ich: Die Wahrheit finde ich nur in mir. Anfangs waren wir froh, dass endlich der Krieg entfesselt worden ist. Er muss die Erlösung von diesem Joche bringen. Deutschland hat dieses Joch verdient. Vielleicht dauert dieses Massenmorden lange Zeit. Vielleicht müssen die Menschen Europas sehr umgepflügt werden. Werden wir dann eine Stufe höher steigen? Unsere ganze Hoffnung hängt an diesem fürchterlichen Kriege.*[64]

Sophie Scholls Freund Fritz Hartnagel war vom Kriegsbeginn als erster betroffen. Seine Nachrichteneinheit wurde an die Oberrheinfront verlegt, wo die Waffen allerdings noch ruhten. Für ihn als Berufsoffizier war es selbstverständlich, seine Pflicht zu tun. Er übermittelte Sophie Scholl seine Feldpostnummer und schilderte ihr seine Situation: *Wir warten nun stündlich, dass es auch hier bei uns zum Knallen kommt. Wenn wir's auch nicht hoffen wollen, so freuen wir uns natürlich insgeheim darauf.*[65]

---

[64] Ebd., 26.
[65] Zit. nach Hartnagel 2008, 101.

Bei Sophie Scholl war von Kriegsfreude keine Spur zu erkennen, sondern entschiedene Ablehnung dessen, was jetzt an kollektiver Gewalt in Gang kam. In ihrem Antwortbrief an ihren Freund bezog sie deutlich Stellung: *Nun werdet ihr ja genug zu tun haben. Ich kann es nicht begreifen, dass nun dauernd Menschen in Lebensgefahr gebracht werden von anderen Menschen. Ich kann es nicht begreifen, und ich finde es entsetzlich. Sag nicht, es ist fürs Vaterland.*[66]

Sophie Scholls Freund Fritz Hartnagel

Nachdem die polnische Armee nach wenigen Wochen kapitulieren musste, war endgültig klar, dass Hans Scholl seine Hochschulausbildung fortsetzen konnte. Im Oktober kehrte er ins Studium zurück, dessen Zeitstruktur kriegsbedingt verändert wurde, und zwar vom Semester- auf den Trimester-Rhythmus. In seine Studienzukunft blickte er skeptisch: *Doch es hat den Anschein, dass wir nicht das Glück haben werden, im neuen Jahr wieder zu studieren. Denn zur Zeit werden hier neue Divisionen aufgestellt, und ein Student nach dem anderen wird eingezogen.*[67] Seine Befürchtungen bewahrheiteten sich vorerst noch nicht. Er konnte auch das erste Trimester des Jahres 1940 beginnen und regulär abschließen. Danach wurde er einer

---

[66] Ebd., 102.
[67] Zit. nach Jens 1984, 27.

Sanitätseinheit zugeteilt, die in München verbleiben und auf den Einsatz warten musste. Dies strapazierte seine Geduld. Merkwürdig klingt die Art und Weise, wie er dies seinen Eltern in einem Brief am 19.3.1940 vermittelt: *Soll der Krieg noch später beginnen? Manche geben schon der Hoffnung Ausdruck, dass er allmählich ganz versande. Jedoch bin ich ganz anderer Ansicht ... Wenn jetzt plötzlich Frieden geschlossen würde, hätte der Krieg seinen Sinn verloren, und alle Opfer wären umsonst gewesen.*[68] Auch wenn er den Krieg nicht mochte, wollte er ins Feld. Die seelische Spannung drängte nach Abbau.

Während Fritz Hartnagel bereits an der Front war und Hans Scholl über seinen möglichen Einsatz noch nichts Genaues wusste, drückte Sophie Scholl wieder die Schulbank. Da das Abitur in greifbare Nähe gerückt war, machte sie sich über die Zeit danach intensiv Gedanken. Normalerweise wäre die nächste Station der Reichsarbeitsdienst gewesen. Da sie diesen umgehen wollte, entschloss sie sich, nach der Reifeprüfung eine Ausbildung als Kindergärtnerin zu absolvieren.

Obwohl der Krieg noch weit weg war, ging er der Oberprimanerin immer wieder durch den Kopf – sowohl tagsüber als auch im Schlaf. Ein Traum im Oktober 1939 zeugte davon: *Neulich träumte ich, ich sei in einer Gefängniszelle, gefangen über den ganzen Krieg. Ich hatte einen dicken eisernen Ring um den Hals, das war das unangenehmste an dem Traum.*[69]

Der zivilisatorischen Verrohung, die sich in dieser martialischen Zeit beschleunigte, wollten Sophie Scholl, ihre Geschwister und Freunde entgegenwirken. Es bildete sich ein Kreis, der aus den Scholl-Geschwistern und *dem katholischen Aicher-Trio* bestand.[70] Zu letzterem gehörten Otl Aicher, ein Klassenkamerad von Werner Scholl, Willi Habermann und Fridolin Kotz. Sie waren Mitglieder der katholischen Quickborn-Jungenschaft in Ulm-Söflingen und Nazigegner. In diesem Kreis, der später als Scholl-Bund bezeichnet wurde, entfaltete sich ein antinazistisches, autonomes Geistesleben. Sie setzten sich mit *Fragen der Politik, Kunst, Literatur, Philosophie und Religion auseinander.*[71] Sie trafen sich in der Wohnung der Scholls und

---

[68] Ebd., 28.
[69] Ebd., 133.
[70] Schüler 2000, 59.
[71] Holler 1999, 47.

unternahmen Ausflüge und Skifreizeiten. Ein besonders prägender und belebender Geist war Otl Aicher. Ein christlicher Humanist mit fester Wertorientierung, der wegen seiner Weigerung, der Hitlerjugend beizutreten, vom Abitur ausgeschlossen wurde. Später regte Otl Aicher auch die Herausgabe eines Rundbriefes an, um den Kontakt zwischen den kriegsbedingt voneinander getrennten Scholl-Bündlern aufrechtzuerhalten. Dieses von Inge Scholl betreute Kommunikationsmedium hieß „Windlicht".

Kurz vor dem Blitzkrieg gegen Dänemark und Norwegen bestand Sophie Scholl Mitte März 1940 das Abitur. In ihrem Reifezeugnis wurde hervorgehoben, dass sie eine *ruhige, begabte Schülerin* war, *die meist mit innerer Teilnahme dem Unterricht folgte und selbständig, mit reifem Urteil arbeitete.*[72] Damit war zwar das Kapitel Oberrealschule abgeschlossen, aber noch nicht die Schule. Am 8. April 1939 begann ihre fachschulische Ausbildung als Kindergärtnerin.

Ende April befand sich Hans Scholl auf dem Weg zur Westfront. In Bad Sooden-Allendorf war Wartestation. Von dort aus durfte er ab Anfang Mai im nahe gelegenen Göttingen sein Medizinstudium fortsetzen. Lange dauerte dieses Trimester nicht, denn am 10. Mai begann mit dem Einmarsch deutscher Truppen in Belgien, der Niederlande und Luxemburg der Westfeldzug. Einen Tag, nachdem deutsche Panzer die Maas bei Sedan überquert hatten, erhielt Hans Scholls Einheit am 15. Mai den Marschbefehl. Er wurde zunächst als Kradmelder eingesetzt. Den Krieg erlebte er erneut als *Erleichterung.*[73] Am 29. Mai 1939 meldete er sich aus St. Quentin in Nordfrankreich. In der Folgezeit bestand seine Tätigkeit hauptsächlich aus Lazarettdienst, wo er die blutigen und tödlichen Folgen des Krieges hautnah mitbekam. Sie dauerte auch über den Waffenstillstand hinaus, der am 25. Juni 1940 in Kraft trat. Die Erlebnisse im Lazarett resümierte er ernüchternd: *Ihr glaubt vielleicht, man müsste weiser und reifer aus dem Krieg zurückkehren. Dies ist nur bei ganz wenigen Menschen der Fall. Ich glaube, ich war vor diesem Wahnsinn innerlicher und aufnahmenbereiter. Der Krieg wirft uns weit zurück. Man glaubt es nicht, wie lächerlich der Mensch geworden ist. Wir verlassen den Operationssaal, drinnen stirbt einer, und wir rauchen eine Zigarette.*[74]

---

[72] Zit. nach Beuys 2010, 215.
[73] Zit. nach Ellermeier 2012, 62.
[74] Zit. nach Jens 1984, 37.

Die Katharsis, die Hans Scholl als Kriegsteilnehmer anfangs erwartet hatte, fand nicht statt. Er war froh, dass er Ende September in die Heimat zurückkehren durfte. Mitte Oktober nahm er sein Medizinstudium an der Ludwig-Maximilians-Universität München wieder auf. Gleichzeitig gehörte er verpflichtend der 2. Studentenkompanie der Medizinstudenten an.

Während des Westfeldzugs war Sophie Scholl noch weiter als bisher vom NS-Regime und dessen Kriegspolitik abgerückt. Wenn beispielsweise im Unterricht Führerreden per Rundfunk übertragen wurden, demonstrierte sie sichtbares Desinteresse, indem sie sich mit verbotener Lektüre beschäftigte. Der Eindruck, den ihre Freundin Susanne Hirzel nun von ihr hatte, lautete: *So war sie jetzt mit neunzehn Jahren eine entschiedene Gegnerin Hitlers geworden, äußerte sich zuweilen in gefährlichem Freimut und fühlte sich oft in allzu großer Sicherheit.*[75] Eine Mitschülerin ahnte Schlimmes: *Du wirst sehen, die Scholls landen noch am Galgen.*[76]

Ihrem Freund Fritz Hartnagel, schrieb Sophie Scholl am 16. Mai 1939 an seine Feldpostadresse: *Ich wünsche Dir sehr, daß du diesen Krieg und diese Zeit überstehst, ohne ihr Geschöpf zu werden. Wir haben alle Maßstäbe in uns selbst, nur werden sie zu wenig gesucht. Vielleicht auch, weil es die härtesten Maßstäbe sind.*[77] Ein paar Wochen später machte sie ihm begreiflich, dass ihr Pazifismus nicht aus Opposition um der Opposition willen erfolge.[78] Sie wollte als moralisch reife und urteilsfähige Person wahrgenommen werden.

Die Zeit, die Sophie Scholl auch im Herbst 1940 für das Korrespondieren mit ihrem Freund Fritz Hartnagel aufwandte, hatte Hans Scholl nicht. Die Vorbereitung auf das Physikum hatte ihn voll okkupiert: *Ich stecke jetzt mitten in der Arbeit drin, der zu verarbeitende Stoff wird immer größer statt kleiner.*[79] Diese ärztliche Vorprüfung fand vom 13. bis 15. Januar 1941 statt. Er bestand sie mit der Gesamtnote „sehr gut/gut". Der Weg war frei in den klinischen Teil des Medizinstudiums.

---

[75] Hirzel 1998, 106.
[76] Zit. nach Gottschalk 2012, 126.
[77] Zit. nach Hartnagel 2008, 168.
[78] Ebd., 185.
[79] Zit. nach Jens 1984, 40.

In jenem Zeitraum, in dem sich Hans Scholl in seine Prüfungsvorbereitungen vertiefte, geriet Sophie Scholls Beziehung zu Fritz Hartnagel in eine Krise. In einem Brief offenbarte sie Lisa Remppis: *Ich bin übrigens fest entschlossen, mit ihm zu einem gültigen Schluss zu kommen. Es ist schwer und grausam.*[80] Was war der Grund? War es sein Soldatenberuf? Fühlte sie, die vom Keuschheitsideal des Augustinus fasziniert war, sich vom ihm sexuell bedrängt? War es seine Affäre mit einer jungen Frau in Amsterdam? Das eigentliche Motiv blieb nicht klar ausgesprochen. Wie dem auch war, sie verwirklichte ihre Absicht nicht. Im Februar 1941 fuhren sie während seines Heimaturlaubs sogar gemeinsam zum Skifahren. Dass Sophie Scholl ihm in einem Brief kurze Zeit später mitteilte, immer noch BDM-Veranstaltungen aus Pflichterfüllung zu besuchen, verwunderte ihn wahrscheinlich.[81] Stak immer noch ein Rest konventioneller Moral in ihr? Oder benötigte sie aus Selbstschutzgründen doch eine Camouflage?

Auch keine Verstörung vermeldete Sophie Scholl, als Fritz Hartnagel zwei Wochen später zum Chef einer Luftnachrichtenkompanie ernannt wurde.[82] Einen Tag, nachdem er ihr dies mitgeteilt hatte, erhielt sie ihr Examenszeugnis als Kindergärtnerin. Ihre Hoffnung, jetzt studieren zu dürfen, erfüllte sich jedoch nicht. Ihr stand ein halbjähriger Reichsarbeitsdienst bevor.

Hans Scholl hatte sich schon auf das Kommen seiner Schwester gefreut. Denn sie wollte am Studienort München Biologie und Philosophie studieren. In seinem Privatleben hatte es inzwischen eine wichtige Veränderung gegeben. Er beendete die Beziehung mit Lisa Remppis. Seine neue Freundin war Rose Nägele, die Schwester seines Kommilitonen Hanspeter. Ihr, seinen Eltern und seinen Geschwistern teilte er im Spätwinter und Frühling 1941 vertrauensvoll mit, was er vom aktuellen politischen Zeitgeschehen hielt. Seine Aversion gegen alles Militärische und die kriegerischen Aktionen nahm spürbar zu. Der Krieg war für ihn ein Fluch Gottes. Er wünschte sich, dass *dieser bald zu Ende wäre*.[83] Sein Wunsch ging nicht in Erfüllung. Hitler setzte seine Eroberungspolitik unbeirrt fort. Im April 1941 fand der Balkanfeldzug gegen Jugoslawien und Griechenland statt. Und am 22. Juni 1941 begann mit dem Überfall auf die Sowjetunion der Ostfeldzug. Dieses

---

[80] Zit. nach Beuys 2010, 245.
[81] Hartnagel 2008, 266.
[82] Ebd., 286.
[83] Zit. nach Jens 1984, 43.

neue Kriegsereignis machte Hans Scholl emotional sehr betroffen. Noch schwerer traf es seinen Freund und Kommilitonen Alexander Schmorell. Dessen früh verstorbene Mutter war Russin und Tochter eines orthodoxen Priesters.

Alexander Schmorell

Die beiden Freunde befürchteten zunächst, mit ihrer neu formierten Studentenkompanie an die Front abkommandiert zu werden. Diese Befürchtung bewahrheitete sich jedoch nicht. Vom August bis Ende September famulierten sie am Städtischen Krankenhaus Harlaching. Außerhalb des Dienstes verwandte Hans Scholl immer wieder Zeit auf seine moralische Standortsuche: *Inmitten einer Welt der brutalen Negation erkenne ich die positiven Werte.*[84]

Auch Sophie Scholl setzte ihre autonome Wertentwicklung fort. Diese wurde durch die Zwangsinstitution des Reichsarbeitsdienstes im Lager Krauchenwies bei Sigmaringen verstärkt. Ihre Abneigung gegen die freiheitsberaubende Lagerordnung wuchs. Die geistige Leere des Dienstes kompensierte sie durch die Lektüre theologischer und verbotener belletristischer Literatur. Unter anderem las sie Thomas Manns „Zauberberg". Von der nai-

---

[84] Ebd., 61.

ven Begeisterung, die im Lager nach der Verkündigung deutscher Kriegserfolge um sich griff, ließ sie sich nicht anstecken. Sie machte sich Sorgen um ihren Freund, der an der russischen Frontdiente. Und in einem Brief an ihre Freundin Lisa Remppis brachte sie ihre zunehmende moralische Bedrückung zum Ausdruck: *Ich glaube, jetzt beginnt sich der Krieg mächtig auszuwirken, in jeder Beziehung. Manchmal schon, besonders in letzter Zeit, empfand ich es als bittere Ungerechtigkeit, in einer solchen vom Weltgeschehen ganz ausgefüllten Zeit leben zu müssen.*[85]

Als das Ende des gehassten Zwangsdienstes nur noch zwei Monate entfernt war, ereilte Sophie Scholl eine schlechte Nachricht. Eine Verlängerung um ein weiteres Halbjahr drohte. Ihrem Bruder Hans teilte sie ihr Leid mit: *Heute stehe ich noch ganz unter dem niederschmetternden Eindruck, den die neueste Schreckensbotschaft auf mich gemacht hat: wir müssen noch ein halbes Jahr Kriegsdienstpflicht ableisten ... Ich bin gewillt, jede einigermaßen erträgliche Krankheit oder sonst etwas auf mich zu nehmen, was mich von diesem Schicksal befreit.*[86] Gesuche der Eltern, Sophie Scholl vom Kriegshilfsdienst freizustellen, blieben erfolglos. Ihr neuer Dienstort war ab Oktober 1941 Blumberg am Südrand des Schwarzwaldes, wo sie in einem Kinderhort Arbeit leisten musste.

Als Sophie Scholl ihren Kriegshilfsdienst antrat, endete Hans Scholls Famulatur. In seiner Psyche war eine bedeutsame Wandlung in Gang gekommen, die mit einer neuen Bezugsperson zusammenhing. Er hatte inzwischen über Otl Aicher den reformkatholischen Publizisten Carl Muth kennengelernt. Dieser befand sich in Gegnerschaft zum Nationalsozialismus. Die von ihm herausgegebene Zeitschrift „Hochland" musste im Frühjahr 1941 ihr Erscheinen einstellen. Carl Muth beauftragte Hans Scholl mit der Neuordnung und Katalogisierung seiner Privatbibliothek. Die Dialoge mit Carl Muth verhalfen Hans Scholl zu einer festen Sinnfindung auf christlicher Grundlage. Am 22. Dezember 1941 schrieb er Carl Muth: *Einige Worte des Dankes möchte ich an Sie richten, die sich leichter schreiben als sagen lassen. Ich bin erfüllt von der Freude, zum ersten Mal in meinem Leben Weihnachten eigentlich und in klarer Überzeugung christlich zu feiern. Wohl sind die Spuren der Kindheit nicht verweht gewesen, als man unbe-*

---

[85] Ebd., 186.
[86] Ebd., 185.

kümmert in die Lichter und das strahlende Antlitz der Mutter blickte. Aber Schatten sind darüber gefallen; ich quälte mich in einer gehaltlosen Zeit in nutzlosen Bahnen, deren Ende immer dasselbe verlassene Gefühl war und immer dieselbe Leere. Zwei tiefe Erlebnisse, von denen ich Ihnen noch erzählen muß. Und schließlich der grauenhafte Krieg, dieser Moloch, der von unten herauf in die Seelen aller Männer schlich und sie zu töten versuchte, machten mich noch einsamer.
Eines Tages ist dann von irgendwoher die Lösung gefallen. Ich hörte den Namen des Herrn und vernahm ihn. In diese Zeit fällt meine erste Begegnung mit Ihnen. Dann ist es von Tag zu Tag heller geworden. Dann ist es wie Schuppen von meinen Augen gefallen. Ich bete. Ich spüre einen sicheren Hintergrund und ich sehe ein sicheres Ziel. Mir ist in diesem Jahr Christus neu geboren.[87] In Hans Scholls Innern hatte sich eine neue Wertsubstanz gebildet, die vom christlichen Humanismus und tiefem religiösen Empfinden geprägt war.

Carl Muth, Hans Scholls Mentor

Sophie Scholl hatte ein solches Festigungserlebnis nicht. In letzter Zeit war sie starken seelischen Irritationen ausgesetzt. Ende Oktober hatte sie sich während eines Kurzurlaubs mit Fritz Hartnagel in Augsburg getroffen. Die-

---

[87] Ebd., 75.

ser war Anfang September von der Russlandfront nach Deutschland zurückbeordert worden, um in Weimar einen Nachrichtenzug für den Afrikakrieg aufzustellen. Es war ein Treffen mit gemeinsamer Übernachtung. Das neue Beziehungsmuster wiederholte sich an den kommenden Wochenenden. Treffpunkt war ein Hotel in Freiburg. Zur Tarnung trugen die beiden Eheringe. Was zwischen den beiden geschehen war, löste in Sophie Scholl eine moralische Krise aus. In ihrem Tagebuch notierte sie: *O ich bin sehr schlecht. Ich habe gar nimmer die Kraft und den Mut bereit zu einer Umkehr ...*[88] Ihr augustinisches Ideal von der sexuellen Enthaltsamkeit war zerbrochen. Sie wurde von Schuldgefühlen und Glaubenszweifeln geplagt: *Ich habe keine, keine Ahnung von Gott, kein Verhältnis zu ihm. Nur eben, dass ich das weiß.*[89]

Die Weihnachtstage 1941 verbrachten Hans und Sophie Scholl bei ihrer Familie in Ulm. Was sie jetzt über die nationalsozialistische Gewaltherrschaft wussten, erschütterte sie tief. Sie war noch brutaler und inhumaner geworden: Judendeportationen, Massenerschießungen und Euthanasie an geistig Behinderten. Außerdem erfuhren sie aus Fritz Hartnagels Briefen und von ausländischen Rundfunksendern, dass der Vormarsch in Russland ins Stocken geraten war. Und Hitlers Kriegserklärung an die USA lag gerade vierzehn Tage zurück. Die Frage, was gegen den Wahnsinn zu unternehmen sei, begann zu keimen. In den Predigten des Grafen von Galen gegen das Euthanasieprogramm, von denen die Geschwister nun Kenntnis bekamen, war die Rede von der Gewissensverpflichtung. Was löste dieses Wort in Hans und Sophie Scholl aus? Wir wissen es nicht, können es nur erahnen.

Die Jahreswende 1941/42 verbrachte der Scholl-Bund auf der Coburger Hütte in Tirol. Der Aufenthalt war ausgefüllt mit Skifahren und intensiven geistig-kulturellen Aktivitäten. Am Ende des Urlaubs bilanzierte Hans Scholl: *Mir fehlt, um dieses gewaltige Erlebnis schildern zu können, die geniale Sprache eines großen Dichters. Ich kann nur stammeln: gut, sehr gut.*[90]

Zurück in München nahm Hans Scholls bewegtes Leben seinen Lauf. Seiner Freundin Rose Nägele gab er zu verstehen, ihr nicht mehr nah sein zu

---
[88] Zit. nach Gottschalk 2012, 162.
[89] Zit. nach Beuys 2010, 324.
[90] Zit. nach Jens 1984, 75f:

wollen. Kurz zuvor war schon das parallele Liebesverhältnis mit seiner Kommilitonin Traute Lafrenz zu Ende gegangen. Die zurückgeflossene Libido sublimierte er in sein immer regsamer werdendes Geistesleben. Besonders angetan hatten es ihm die selbst organisierten Lese- und Gesprächsabende mit seinen Mentoren und Freunden. Anlässlich einer dieser Veranstaltungen machte er Bekanntschaft mit Theodor Haecker, einem Freund Carl Muths. Dieser Philosoph und Kulturkritiker war ein leidenschaftlicher Gegner des Nationalsozialismus, der deshalb mit einem Rede- und Druckverbot bestraft wurde. Er trug in bedeutsamem Maße zur Gewissensentwicklung der Geschwister Scholl bei. Besonders prägend waren seine Sätze: *Es gibt kein Gewissen, das nur für das Diesseits gälte, das ist eine zweifellose Verkennung des Tatbestandes, da unzählige Erfahrungen beweisen, dass das Gewissen gerade kurz vor dem Tode, wenn gar keine Aussicht mehr ist auf das „Diesseits", sich regt; das Gewissen reicht an sich und von sich aus in das Leben nach dem Tode. Das Gewissen überschreitet den Tod, ist persönlicher als der Tod.*[91]

Obwohl der Wille zum Widerstand weitergewachsen war, beabsichtigte Hans Scholl noch keine Widerstandsaktionen. Seinem Freund Hans Hirzel gegenüber äußerte er, *er bezweifle, ob wir das Recht hätten, einzugreifen in das Rad der Geschichte.*[92]

Die Seelenhärte der Nazi-Diktatur bekam Hans Scholl weiterhin zu spüren. Ende Januar wurde sein Kompaniechef während eines Hörsaal-Appells von einem Teil der Studenten wegen der Verkündung einer unliebsamen Maßnahme ausgepfiffen. Im Gefolge des Pfeifkonzerts kam es zu Denunziationen und Verhören. Die Studentenkompanie wurde kollektiv bestraft. Sie erhielt vier Wochen Kasernenarrest. Niedergeschlagen konstatierte Hans Scholl: *Ich bin gegenwärtig wieder Gefangener des Staates ... Diese unnötige Marter trifft mich umso härter als ich mir für die nächsten Wochen so manches Wichtige geplant hatte.*[93] Noch härter traf es ihn, als er wenig später von der Verhaftung seines Vaters erfuhr. Eine Schreibgehilfin hatte ihn angezeigt, weil er Adolf Hitler als größte Geißel Gottes titulierte. Zwar entließ ihn die Gestapo kurz danach wieder aus der Haft, aber es stand ihm ein Gerichtsverfahren bevor.

---

[91] http://sophiescholl.beepworld.de/seite6.htm
[92] Ellermeier 2012, 201
[93] Zit. nach Jens 1984, 78.

Als der Kasernenarrest zu Ende war, leistete Hans Scholl in der Chirurgie des Reservelazaretts Schrobenhausen erneut eine Famulatur ab. Der Famulus erlebte hautnah mit, wie sehr Hitlers Krieg die Menschen körperlich und seelisch verwundete. Die Patienten stammten großenteils von der Russlandfront, Fritz Hartnagels nächstem Marschziel. Über dessen neuen Einsatz wurde Sophie Scholl von ihrem Freund am 12. März 1942 informiert: *Unsere Tropenverwendung ist nun endgültig ins Wasser gefallen. Ich werde aus meinem Zug eine Kompanie aufstellen müssen, und damit nach Russland ziehen. Ach Sofie wie soll das nun werden, mir ist Angst und bang.*[94] Dies hatte zur Konsequenz, dass die beiden sich nur noch wenige Male sehen konnten.

Ende April 1942 war Sophie Scholl, nachdem sie mit Ablauf des Monats März aus dem Kriegshilfsdienst entlassen worden war, am Studienort München eingetroffen. Wie geplant schrieb sie sich für die Studienfächer Biologie und Philosophie ein. Zunächst wohnte sie in Carl Muths Haus, bis sie ein Studentenzimmer in der Mandlstraße am Englischen Garten fand. An Einsamkeit musste sie nicht leiden, da ihr Bruder sie rasch in seinen Kreis der Gleichgesinnten integrierte. Sie lernte die oppositionelle Lebenswelt kennen, ging mit zu den Leseabenden und entwickelte ihr Widerstandsdenken weiter. Beim vorletzten Treffen mit Fritz Hartnagel äußerte sie den Wunsch, dass er ihr bei der Beschaffung eines Vervielfältigungsgerätes helfen möge. Fritz Hartnagel fragte daraufhin konsterniert: *Bist Du Dir im Klaren, dass dies Dir den Kopf kosten kann?*[95] Sophies entschiedene Antwort lautete: *Ja, darüber bin ich mir im Klaren.*[96]

In diesem Frühjahr 1942 registrierten Hans und Sophie Scholl mit großer Betroffenheit, wie das Regime und der Krieg immer größere Schatten warfen. Wie von der Wannsee-Konferenz im Januar 1942 beschlossen, wurde der Völkermord an den Juden noch systematischer und brutaler als bisher betrieben. Täglich kostete der Krieg immer mehr Soldaten das Leben. Und die Zivilbevölkerung litt immer stärker unter den Bombenangriffen. An den letzten beiden Maitagen wurde die Kölner Innenstadt durch einen 1000 Bomber-Angriff zerstört. Das Gewissen setzte die Geschwister Scholl unter einen stetig steigenden Handlungsdruck.

---

[94] Zit. nach Hartnagel 2008, 350.
[95] Ebd., 358.
[96] Ebd., 358.

Hans Scholl begab sich zusammen mit Alexander Schmorell auf die Suche nach einer Legitimation für den aktiven Widerstand. Sie fanden diese beim christlichen Denker Thomas von Aquin. Nach der thomistischen Lehre missachtet ein Gewaltherrscher Gottes Gebote und darf deshalb bekämpft werden. Selbst den Tyrannenmord hielt er für legitim. Beide fühlten sich in ihrer Motivation bestärkt, etwas gegen die Tyrannei zu tun. Irgendwann im weiteren Verlauf des Frühjahrs muss aus der Absicht eine Tat geworden sein. Kurze Zeit zuvor hatte Hans Scholl im Familienkreis geäußert: *Man sollte einen Vervielfältigungsapparat haben.*[97]

Am 3. Juni 1942 besuchten Hans und Sophie Scholl einen literarischen Abend, der wie so oft in diesen Monaten im privaten Kreis nazikritischer Menschen stattfand. Zum ersten Mal trafen sie dort auf Kurt Huber, Professor an der Münchner Ludwig-Maximilians-Universität. Während der Gesprächsrunde, die der Lesung folgte, wurde die Frage, wie man der Diktatur widerstehen könne, kontrovers diskutiert. Hans Scholl forderte diejenigen, die Widerstandsaktionen ablehnten, mit folgenden Worten heraus: *Wir mieten uns eine Insel in der Ägäis und machen weltanschauliche Kurse.*[98] Im weiteren Verlauf des Streitgesprächs mahnte Kurt Huber: *Man muss etwas tun und zwar heute noch!*[99]

Diese klare Aussage fand Hans Scholls Beifall.

Kurt Hubers Appell erleichterte sicherlich den Schritt vom Widerstandswillen zur Widerstandstat. Die ersten Akteure waren Hans Scholl und Alexander Schmorell. Sie konzipierten, schrieben, vervielfältigten und versandten die ersten vier Flugblätter in einer Auflage von jeweils 100 Stück. Sie waren unterzeichnet mit „Die weiße Rose". Adressaten waren zum einen Schriftsteller, Hochschullehrer und Buchhändler aus dem Großraum München, zum anderen Verwandte, Freunde und Studienkollegen.

Im ersten Flugblatt sollten die Leser mit folgendem Einleitungssatz wachgerüttelt werden: *Nichts ist eines Kulturvolkes unwürdiger, als sich ohne Widerstand von einer verantwortungslosen und dunklen Trieben ergebenen Herrscherclique "regieren" zu lassen.* Die Verfasser beklagten das Mitläu-

---

[97] Zit. nach Scholl 2012, 26.
[98] Zit. nach Beuys 2010, 352f.
[99] Zit. nach Ellermeier 2012, 218.

fertum und appellierten an den Willen zum Widerstand. Ihre Ausführungen untermauerten sie mit Schiller- und Goethezitaten.

Professor Kurt Huber

Im zweiten Flugblatt wurde das Lügengebäude des Nationalsozialismus attackiert. Dabei bediente man sich einer Aussage Hitlers: *Man glaubt nicht, wie man ein Volk betrügen muß, um es zu regieren.* Darüber hinaus wurde am Beispiel der Judenverfolgung und Judenvernichtung auf die Brutalität der NS-Diktatur hingewiesen.

Hervorgehoben wurde im dritten Flugblatt der *Anspruch des Menschen auf einen brauchbaren und gerechten Staat, der die Freiheit des einzelnen als auch das Wohl der Gesamtheit sieht.* Der NS-Staat wurde als D*iktatur des Bösen* bezeichnet, gegen die Widerstand zu leisten sei. Man scheue sich nicht davor, die Formen des Widerstands zu konkretisieren und zur Sabotage aufzurufen. Mit Ausführungen von Aristoteles zum Charakter der Tyrannei endete der Text.

Im vierten Flugblatt wurde angesichts der Opfer, die Hitlers Feldzüge bis dato zur Folge hatten, vor jeglichem Siegesoptimismus gewarnt. Erneut wurde zum Widerstand aufgerufen: *Wir müssen das Böse dort angreifen, wo es am mächtigsten ist, und es ist am mächtigsten in der Macht Hitlers.*

Dem Appell folgte eine Vision von der Erneuerung Deutschlands nach dem Ende der Hitler-Diktatur. Trotzig lautete der Schlusssatz: *Wir schweigen nicht, wir sind Euer böses Gewissen; die Weiße Rose läßt Euch keine Ruhe!*

Hans Scholl und Alexander Schmorell gaben sich in ihrem Freundeskreis zunächst nicht offensiv zu erkennen. Wer sie, ihre Worte und ihr Denken kannte, vermutete durchaus ihre Urheberschaft. Als Sophie Scholl ihren Bruder direkt danach fragte, gab er ihr zur Antwort, *es sei nicht gut, nach dem Verfasser zu fragen, weil man diesen nur gefährde.*[100] Dieses vorsichtige Verhalten war berechtigt. Man musste mit einer Fahndungsaktion der Gestapo rechnen. Dem war auch so, vorläufig aber ohne Erfolg.

Eine weitere Flugblattaktion wurde im Juli 1942 nicht mehr durchgeführt, da Hans Scholls Studentenkompanie zu einer Feldfamulatur an die Ostfront musste. Kurz vor der Abreise versammelte sich sein Freundeskreis nochmals zu einem Abschiedsabend im Atelier des Architekten Manfred Eickemeyer. Anwesend war auch Willi Graf, Nazi-Gegner, Student der Medizin und ebenfalls Mitglied der Studentenkompanie. Hans Scholl hatte ihn kurz zuvor als Gleichgesinnten kennen und schätzen gelernt. Zu den Teilnehmern zählte ebenso Christoph Probst, Medizinstudent, dem Hans Scholl ein Jahr zuvor im Hause Schmorell zum ersten Mal begegnet war. An diesem Abend sprach er sich leidenschaftlich für den Widerstand aus: *Wir müssen dieses Nein riskieren gegen eine Macht, die sich anmaßend über das Innerste und Eigenste des Menschen stellt und die Widerstrebenden ausrotten will.*[101]

Die Feldfamulanten reisten tags darauf vom Münchner Ostbahnhof in Richtung Russland ab. Sophie Scholl war bei der Abfahrt zugegen. Der Abschied machte ihr sehr zu schaffen, wie aus einem Brief an Lisa Remppis hervorgeht: *Hans ist letzte Woche nach Russland gekommen mit all den anderen, die mir im Lauf der vergangenen Wochen und Monate zu Freunden geworden sind. Jedes kleine Wort und jede kleine Gebärde des Abschieds ist noch so lebendig in mir; ich hätte nicht geglaubt, dass ich so an*

---

[100] Zit. nach Beuys 2010, 367.
[101] Zit. nach Chaussy/Ueberschär 2013, 131f.

ihnen allen, vor allem an Hans, hänge. Hoffentlich können wir uns alle gesund wiedertreffen.[102]

Hans Scholl, Sophie Scholl und Christoph Probst am Münchner Ostbahnhof

Diese Hoffnung bezog Sophie Scholl sicherlich auch auf ihren Freund Fritz Hartnagel. Das, was er ihr in seinen Briefen von der Ostfront berichtete, verdüsterte ihre Seele. Besonders schockierend waren für sie Passagen wie die Folgende: *Es ist erschreckend, mit welch zynischer Kaltschnäuzigkeit mein Kommandeur von der Abschlachtung sämtlicher Juden des besetzten Russlands erzählt hat und dabei von der Gerechtigkeit dieser Handlungsweise vollkommen überzeugt ist.*[103]

Ende Juli fuhr Sophie Scholl nach Ulm in die Semesterferien. Entspannung war nicht zu erwarten. Am 3. August stand Robert Scholl wegen seiner abfälligen Äußerung über Adolf Hitler vor Gericht. Das Urteil lautete auf vier Monate Gefängnis. Kurz bevor er seine Haft antrat, kam die nächste Unglücksbotschaft ins Haus. Hans Reden war tot, gefallen an der Ostfront. Sophie Scholls Reaktion darauf: *Schluss. Jetzt werde ich etwas tun.*[104] Seelisch belastend kam noch hinzu, dass sie in einer Ulmer Rüstungsfabrik

---

[102] Zit. nach Jens 1984, 213.
[103] Zit. nach Hartnagel 2008, 368.
[104] Zit. nach Beuys 2010, 370.

einen zweimonatigen Kriegshilfsdienst verrichten musste. Dort litt sie nicht nur an der Monotonie der Arbeit, sondern auch an der miserablen Situation der Zwangsarbeiter. Davon zeugt eine Passage in einem Brief an ihren inhaftierten Vater: *Den Fabrikdienst habe ich nun auch bald zur Hälfte überstanden. Die Arbeit sagt mir nicht im mindesten zu, und ich finde es entsetzlich, dass viele Menschen tagtäglich 10 Stunden ihr ganzes Leben von dieser geist- und leblosen Beschäftigung in Anspruch genommen sind und abends auch begreiflicherweise nicht mehr die Kraft haben, sich mit etwas anderem zu beschäftigen. Die meisten fühlen sich auch unglücklich. Doch ist der Betrieb ja kriegsmäßig. Und nachher wird sich das ändern. Hoffentlich. Mich hat das Schicksal so vieler doch tiefer berührt, als wenn ich bloß von außen geurteilt hätte.*[105]

Mittlerweile waren Hans Scholl und seine Kameraden von der 2. Studentenkompanie im Mittelabschnitt der Ostfront angekommen. Bei einem Zwischenaufenthalt in Warschau hatten sie auch die Kriegszerstörungen und das Ghetto zu sehen bekommen. Ein Anblick, der sie traurig und betroffen machte. Hans Scholls teilte seine Stimmung in einem Brief an seine Eltern mit: *Warschau würde mich auf die Dauer krank machen. Gottlob fahren wir morgen weiter.*[106]

Während der Zugfahrt hatte Hubert Furtwängler, ein Gleichgesinnter, Hans Scholl und Alexander Schmorell übrigens die Frage nach der Urheberschaft der Weiße-Rose-Flugblätter gestellt. *Vielsagend-lächelnd* bejahten sie diese nonverbal.[107]

Den Medizinstudenten zeigte sich der Krieg mit seinem grausamen Gesicht in all seinen Facetten. Sie sahen und erlebten, was er Soldaten und Zivilisten zufügte. Auf dem Hauptverbandsplatz lernten sie alle Arten von Kriegsverletzungen kennen. Hans Scholl beschrieb und reflektierte das Erlebte in seinem Russlandtagebuch. Am 28. August 1942 notierte er: *Neulich haben Alex und ich einen Russen begraben. Er muß schon lange draußen gelegen haben. Der Kopf war vom Rumpf getrennt und die Weichteile schon verwest. Aus den halbverfaulten Kleider krochen Würmer. Wir hatten das Grab schon fast zugeschüttet mit Erde, da fanden wir noch einen Arm. Zum*

---

[105] Zit. nach Jens 1984, 219.
[106] Zit. nach Jens 1984, 83.
[107] Ellermeier 2012, 233.

Schluß haben wir ein russisches Kreuz gezimmert und am Kopfende in die Erde gesteckt. Jetzt hat seine Seele Ruhe.[108]

Hans Scholls Konsequenz aus dem Frontaufenthalt war, seinen Widerstand gegen das NS-Regime fortzusetzen. Der Entschluss wuchs in dem Maße, in dem der Abschluss der Feldfamulatur näher rückte. Ende Oktober war es soweit. Die Studentenkompanie begab sich auf die Heimreise. Am 6. November 1942 traf sie wieder in München ein.

Sophie Scholl freute sich auf das Wiedersehen mit ihrem Bruder Hans. Diese Stimmung wurde jedoch durch die psychischen Auswirkungen der Kriegssituation rasch überlagert:

Und doch kann ich mich nicht ungetrübt freuen. Die Unsicherheit, in der wir heute dauernd leben, die uns ein fröhliches Planen für den morgigen Tag verbietet und auf alle die nächsten kommenden Tage ihren Schatten wirft, bedrückt mich Tag und Nacht und verlässt mich eigentlich keine Minute. Wann endlich wird die Zeit kommen, wo man nicht seine Kräfte und all seine Aufmerksamkeit immer nur angespannt halten muss für Dinge, die es nicht wert sind, dass man den kleinen Finger ihretwegen krümmt. Jedes Wort wird, bevor es gesprochen wird, von allen Seiten betrachtet, ob kein Schimmer der Zweideutigkeit an ihm haftet. Das Vertrauen zu anderen Menschen muss dem Misstrauen und der Vorsicht weichen. Oh, es ist ermüdend und manchmal entmutigend. Doch nein, ich will mir meinen Mut durch nichts nehmen lassen, diese Nichtigkeiten werden doch nicht Herr über mich werden können, wo ich ganz andere unantastbare Freuden besitze.[109]

Zurück in Deutschland machten sich Hans Scholl und Alexander Schmorell an die Planung weiterer Aktivitäten. Um mehr Aufmerksamkeit und Wirksamkeit zu erreichen, änderten sie ihre Strategie. Erstens bedurften die Flugblattaktionen einer größeren Verbreitung. Zweitens sollten dem Beispiel Münchens folgend in weiteren deutschen Universitätsstädten Widerstandsgruppen entstehen. Und drittens waren Kontakte zu außeruniversitären Widerstandskreisen zu knüpfen.

---

[108] Zit. nach Jens 1984, 103.
[109] Ebd., 226f.

Erste Schritte auf dem Weg zu den neuen Widerstandszielen wurden im November getan. So trafen sich Hans Scholl und Alexander Schmorell in Chemnitz zu einer Sondierung mit Falk Harnack, dem Bruder des Widerstandskämpfers Arved Harnack und Schwager des Theologen Dietrich Bonhoeffer. Traute Lafrenz nahm zwei Flugblätter der Weißen Rose nach Hamburg mit, wo sie von einer regimekritischen Gruppe um Heinz Kucharski weiterverbreitet wurden. Und um größer angelegte Flugblattaktionen realisieren zu können, begab man sich auf die Suche nach materieller Hilfe. Fündig wurden sie beim mit der Familie Scholl befreundeten Steuerberater Eugen Grimminger aus Stuttgart, der die Widerstandsgruppe durch Sachmittel und Geldspenden unterstützte.

Verschiedene äußere Ereignisse bewirkten im Spätherbst 1942, dass das Gewissen der Geschwister Scholl nicht mehr zur Ruhe kam und ihre moralische Empörung wuchs. Am 19. November 1942 wurde ihrem Vater wegen politischer Unzuverlässigkeit die Zulassung als Steuerberater entzogen.

Genauso wie die Lage der Scholl-Familie verschlimmerte sich die Kriegssituation. An der Ostfront gelang es den Russen, die 6. Armee bei Stalingrad einzukesseln. Zu den davon betroffenen Soldaten zählte auch Sophie Scholls Freund Fritz Hartnagel. In Nordafrika wurden dem deutschen Afrikakorps schwere Verluste zugefügt. Und immer mehr deutsche Städte wurden zum Ziel alliierter Luftangriffe. Die Sinnlosigkeit des Krieges wurde von Tag zu Tag offensichtlicher.

Ende November 1942 waren die Geschwister Scholl wieder in München, wo sie im Rückgebäude der Franz-Joseph-Straße 13 eine neue, gemeinsame Unterkunft fanden. Jetzt war es an der Zeit, weitere Personen in den Widerstandsplan einzuweihen und diese für die aktive Arbeit zu gewinnen. Es bildete sich eine verschworene Binnengruppe, dem die Geschwister Scholl, Alexander Schmorell, Willi Graf und Professor Kurt Huber angehörten. Drum herum entstand in der Folgezeit ein Außenkreis von Mitwissern und Unterstützern.

Um das Unterstützungssystem aufzubauen, war gezielte Rekrutierungsarbeit vonnöten. Ein Beispiel hierfür war Sophie Scholls Treffen mit Susanne Hirzel in Stuttgart. Die Freundin war von Sophies Willen zur Tat tief beeindruckt. Auch Jahrzehnte später erinnerte sie sich an die mutigen Worte der jungen Widerständlerin: *Ich bin entschlossen etwas zu tun Wenn jeder nur eine Meinung hat gegen dieses System, aber nicht handelt, so macht er sich schuldig. Diese ganze Katastrophe ist nur möglich, weil keiner schreit und die Soldaten draußen, wie die Leute drinnen, brav arbeiten und dadurch ihr Leben einsetzen für diesen Staat. Ich jedenfalls will nicht schuldig werden ... Wenn jetzt Hitler daherkäme, und ich eine Pistole hätte, würde ich ihn erschießen. Wenn es die Männer nicht machen, muß es eben eine Frau tun.*[110]

Sophie Scholls widerständige Entschlossenheit ließ sie zur eifrigen Aktivistin werden. Sie übernahm die Aufgabe, die Geldmittel der Widerstandsgruppe zu verwalten und die notwendige Menge an Briefkuverts und Briefmarken zu beschaffen.

Die Münchner Widerstandsarbeit wurde durch die Weihnachtsferien unterbrochen. Die Geschwister Scholl fuhren nach Ulm, um im Kreis der Familie die Weihnachtsferien zu verbringen. Hinsichtlich ihrer Widerstandsaktivitäten hüllten sie sich in Schweigen. Eine frohe Weihnachtsstimmung konnte angesichts der aktuellen Geschehnisse nicht aufkommen. Sophie Scholl war in größter Sorge um ihren Bruder Werner, der sich als Sanitätssoldat ebenfalls an der russischen Front befand, sowie um ihren Freund und Stalingradkämpfer Fritz Hartnagel. Letzterer hatte ihr kurz vor Weihnachten geschrieben: *Endlich komme ich wieder dazu Dir ein Lebenszeichen zu schreiben und da nun morgen Heiliger Abend ist gehen natürlich meine Gedanken um so mehr zu Dir und allen Lieben zu Hause ... Der 19.12. hat uns einen furchtbaren Tag gebracht. Wir hatten in der Nacht vom 18./19. einen neuen Abschnitt übernommen mit meinem Bataillon, und am Morgen griff der Russe dort mit einer Heftigkeit an, die selbst für unsere Infanteristen ungewöhnlich war ... Unsere Verluste waren auch derart, dass von meinem Bataillon gerade noch die Stärke einer Kompanie übrig geblieben ist.*[111]

Nach der Jahreswende kehrten die Geschwister Scholl wieder nach München zurück, zuerst Hans Scholl am 4. Januar 1943, dann Sophie Scholl am 8. Januar 1943. Für sie war es an der Zeit, das nächste Flugblatt zu

---

[110] Zit. nach Hirzel 1998, 148.
[111] Zit. nach Hartnagel 2008, 438.

produzieren. Ein Zurück in die innere Emigration verbot ihr Gewissen, denn das Nazi-Regime potenzierte seinen Wahnsinn. Adolf Hitler lehnte jeden Ausbruch der 6. Armee kategorisch ab und gab sie somit ihrem tragischen Schicksal preis. Von Manfred Eickemeyer, der beruflich in Polen tätig war, erfuhren sie über die Ausweitung der Judenvernichtung in den Gaskammern der Konzentrationslager. Und in den Zeitungen erschienen immer mehr Todesanzeigen im Krieg gefallener Soldaten. In der Bevölkerung begann der Glaube an den Endsieg trotz der suggestiv optimistischen Kriegspropaganda zu schwinden.

Am 13. Januar 1943 gab es in München einen Vorfall, der darauf hindeutete, dass die Menschen nicht mehr bedingungslos gehorsamsbereit waren. An diesem Tag hielt Paul Giesler, Gauleiter von München, anlässlich der 470-Jahrfeier der Ludwig-Maximilians-Universität vor der Studentenschaft eine Rede. In dieser vertrat er die Meinung, dass die Studentinnen statt zu studieren *lieber dem Führer ein Kind schenken* sollten.[112] Daraufhin kam es zu wütenden Protesten und Festnahmen.

Das fünfte Flugblatt wurde in der ersten Januarhälfte verfasst. Der Entwurf stammte von Hans Scholl. Er wurde von Kurt Huber redaktionell überarbeitet und ergänzt. Der Inhalt war nicht mehr primär auf akademisch Gebildete zugeschnitten, sondern verständlicher formuliert für eine gesellschaftlich breitere Leserschaft. Die Auflage belief sich diesmal auf 9000.

Zunächst wurde in diesem Widerstandstext desillusionierend konstatiert: *Der Krieg geht seinem sicheren Ende entgegen.* Gewarnt wurde vor der Nazi-Propaganda und dem von ihr verbreiteten *Bolschewistenschreck*. Nachdrücklich empfahl man: *Darum trennt Euch von dem nationalsozialistischen Untermenschentum! Beweist durch die Tat, daß Ihr anders denkt! ... Zerreißt den Mantel der Gleichgültigkeit, den Ihr um Euer Herz gelegt! Entscheidet Euch, ehe es zu spät ist!* Abschließend wurde für ein künftiges Deutschland mit *förderalistischer Staatenordnung* und für ein freies Europa leidenschaftlich plädiert.

Die Briefe mit den Flugblättern wurden an Empfänger im süddeutschen Raum und in Österreich adressiert. Sie wurden nicht nur in München ein-

---

[112] Leisner 2004, 232.

geworfen, sondern auch in anderen Städten. Hierzu unternahmen Sophie Scholl, Willi Graf und Alexander Schmorell Kurierfahrten, die immer mit akuter Entdeckungsgefahr verbunden waren.

Hans und Sophie Scholl wurden von der forcierten Widerstandsarbeit zeitlich und körperlich über die Gebühr beansprucht. Darüber hinaus löste die Gefahr, von der Gestapo verhaftet zu werden, einen enormen psychischen Druck aus. Sophie Scholl reagierte darauf phasenweise depressiv. Einen solchen Zustand beschrieb sie in ihrem Tagebuch: *Sobald ich allein bin, verdrängt eine Traurigkeit jede Lust zu einer Tätigkeit in mir. Wenn ich ein Buch zur Hand nehme, dann nicht aus Interesse, sondern so, als ob es ein anderer täte. Über diesen entsetzlichen Zustand kann nur eines helfen. Die schlimmsten Schmerzen, und wären es bloß körperliche, sind mir tausendmal lieber als diese leere Ruhe.*[113] Hans Scholl verarbeitete den Belastungsdruck anders. Er praktizierte die Technik der Selbstermutigung. Bisweilen trug diese ihn auf euphorische Stimmungshöhen. Hinzu kam die aktivierende Kraft der neuen Liebesbeziehung mit Gisela Schertling, einer ehemaligen Reichsarbeitsdienst-Kameradin seiner Schwester Sophie.

Die Kriegssituation im Januar 1943 nahm die Geschwister Scholl noch stärker in die Gewissenpflicht. Während Propagandaminister Joseph Goebbels noch Mitte des Monats vom bevorstehenden Sieg in Stalingrad gesprochen hatte, sah die Wirklichkeit umgekehrt aus. In einem neuerlichen Brief Fritz Hartnagels stand geschrieben: *Seit 8 Tagen sind wir hier in ständigem Rückzug auf Stalingrad. Seit 8 Tagen sind wir bei 30° Kälte im Freien gelegen, ohne eine Möglichkeit uns aufzuwärmen. Mein Btl. Ist vollkommen aufgerieben. Ich selbst habe beide Hände erfroren, davon 2 Finger mit Erfrierungen 3. Grades ... Ich weiß nun nicht, wie nun alles weitergehen wird. Die Lage hier ist ziemlich hoffnungslos.*[114] Goebbels Propaganda war ein lügenhaftes Wunschdenken.

Am 31. Januar 1943 kapitulierte der Südkessel der 6. Armee, zwei Tage später der Nordkessel. 150000 deutsche Soldaten waren zu Tode gekommen, 91000 gerieten in russische Gefangenschaft. Davon kehrten später 6000 in die Heimat zurück. Nur wenige verwundete Soldaten konnten in

---

[113] Zit. nach Jens 1984, 232.
[114] Zit. nach Hartnagel 2008, 445.

den letzten Wochen ausgeflogen werden, worunter auch Sophies Freund Fritz Hartnagel war. Am 3. Februar vermeldete das Führerhauptquartier die Niederlage: *Das Oberkommando der Wehrmacht gibt bekannt, der Kampf um Stalingrad ist zu Ende. Ihrem Fahneneid getreu ist die 6. Armee unter der vorbildlichen Führung des Generalfeldmarschalls Paulus der Übermacht des Feindes und der Ungunst der Verhältnisse erlegen.*[115]

Das Blutvergießen in Stalingrad und die Kapitulation der 6. Armee waren für die Geschwister Scholl und ihre Mitkämpfer der Anlass zur Ausweitung ihrer Aktivitäten. Um in der Bevölkerung noch mehr Gewissensbisse zu erzeugen, wurde beschlossen, auf Hauswände in der Münchner Innenstadt Parolen zu schreiben. Sie lauteten: „Nieder mit Hitler" und „Freiheit". Unter anderem wurden sie auch neben dem Eingangsportal der Universität angebracht. Ihre lebensgefährliche Aktion führten Hans Scholl und Alexander Schmorell nachts durch, unterstützt von Willi Graf. Es handelte sich um drei Malaktionen in der Zeit vom 3. bis 15. Februar 1943. In diesem Zeitraum fanden erneut zwei Treffen mit Falk Harnack statt, auf denen prinzipielle Fragen des Widerstands und Kooperationsmöglichkeiten besprochen wurden. Ins Auge gefasst wurde auch eine Zusammenkunft mit Dietrich Bonhoeffer Ende Februar in Berlin.

Auch ein neues Flugblatt wurde in Angriff genommen. Nahezu den gesamten Text schrieb Kurt Huber. Adressat war diesmal die Münchner Studentenschaft. Am Textanfang stand das aktuelle Kriegsereignis: *Erschüttert steht unser Volk vor dem Untergang der Männer von Stalingrad.* Daraus wurden zwei Fragen abgeleitet: *Wollen wir weiter einem Dilettanten das Schicksal unserer Armeen anvertrauen? Wollen wir den niedrigsten Machtinstinkten einer Parteiclique den Rest unserer deutschen Jugend opfern?* Die Antwort lautete: *Nimmermehr!* Vehement gefordert wurde ein Ende der Nazi-Tyrannei. Auch auf die Vorkommnisse während der Jubiläumsfeier der Ludwig-Maximilians-Universität München wurde eingegangen: *Deutsche Studentinnen haben an der Münchner Hochschule auf die Besudelung ihrer Ehre eine würdige Antwort gegeben, deutsche Studenten haben sich für ihre Kameradinnen eingesetzt und standgehalten.*

---

[115] http://einestages.spiegel.de

Die Widerstandsmotivation der Geschwister Scholl und ihrer verschworenen Gleichgesinnten war im Februar 1943 so hoch wie nie zuvor in der kurzen Geschichte ihrer Widerstandsgruppe. Ihr moralisches Handeln war einerseits vom sehr positiven Gefühl begleitet, einen Beitrag zum Kampf gegen das Nazi-Regime zu leisten. Andererseits war die Angst, von der Gestapo entdeckt und verhaftet zu werden, größer denn je. Diese politische Polizeibehörde hatte schon im Sommer 1942 Kenntnis von den ersten Flugblattaktionen, fahndete aber erfolglos. Seit dem Erscheinen des fünften Flugblatts und dem Beginn der Malaktionen erhielten die Widerstandsaktivitäten einen hohen fahnderischen Stellenwert. Dies war daran zu erkennen, dass man eine Sonderkommission bildete. Aus Sicht der Gestapo waren es *hochverräterische Umtriebe*, die rasch gestoppt werden mussten.[116] Sie platzierte in regionalen Zeitungen Inserate und forderte die Bevölkerung zur Mithilfe bei der Fahndung auf. Außerdem beauftragte sie einen Gutachter mit der inhaltlichen Analyse der Flugblätter, um weitere Ansatzpunkte für die Fahndung zu erhalten. Tenor dieser Untersuchung war übrigens, dass die Widerständler aus dem Universitätsmilieu stammten und von einer christlichen Ethik motiviert seien.

Trotz des stetig wachsenden Risikos setzte die Weiße Rose ihre mutige Tätigkeit fort. Es wurden weiterhin Widerstandsparolen an Fassaden gemalt. Und am 15. Februar begann die Streuung der 3000 Exemplare des sechsten Flugblatts. Zwei Tage später wurde Hans Hirzel, der mit seiner Schwester Susanne seinem Freund Franz Josef Müller an der Verbreitung des fünften Flugblattes beteiligt war, in Ulm von der Gestapo verhört. Er war von zwei Personen, die er als Aktionshelfer gewinnen wollte, denunziert worden. Während der Befragung fiel auch der Namen Sophie Scholl. Hans Hirzel erschien dies nicht unmittelbar bedrohlich, dennoch informierte er nach dem Verhör die Familie Scholl. Da Inge Scholl ihre Geschwister nicht erreichen konnte, kontaktierte sie Otl Aicher, der sich zu diesem Zeitpunkt bei Carl Muth in München aufhielt. Sie bat ihn, Hans Hirzels Botschaft ihrem Bruder Hans mitzuteilen. Möglicherweise aus Angst, abgehört zu werden, terminierte Otl Aicher in seinem Telefongespräch mit Hans Scholl lediglich ein Treffen für den folgenden Tag. Dabei deutete er an, ihm eine wichtige Information weitergeben zu wollen.

---

[116] Zit. nach Ellermeier 2012, 365.

Mitten im Vormittag des 18. Februar machten sich Hans und Sophie Scholl zum Hauptgebäude der Universität auf. Sie transportierten einen Koffer voll mit Flugblättern. Unbemerkt legten sie diese vor den Hörsaaltüren aus. Kurz nachdem sie das Gebäude wieder verlassen hatten, kehrten sie nochmals zurück. Sie wollten die nicht ausgelegten Blätter loswerden. Vom zweiten Stock der Galerie warfen sie die Restmenge in den Lichthof. Dabei wurden sie vom Hausmeister Jakob Schmid entdeckt und festgenommen. Obwohl die Möglichkeit zur Flucht bestanden hätte, befolgten sie seine Anweisungen widerstandslos. Warum, bleibt nach wie vor rätselhaft. Waren sie mit ihren überstrapazierten Kräften am Ende? Lähmte sie das imperative Gebaren des Hausmeisters? Machte sie die Einnahme von Aufputschmitteln handlungsunfähig? War es die unbewusste Erleichterung darüber, den immensen Widerstandsstress nun los zu sein?

Sie wurden schließlich dem Syndikus der Universität übergeben, der postwendend die Gestapo benachrichtigte. Bei seiner Festnahme fand die Gestapo bei Hans Scholl einen Flugblatt-Entwurf von Christoph Probst. Leider gelang es ihm nicht, diesen zuvor verschwinden zu lassen.

Die Geschwister Scholl wurden ins Wittelsbacher Palais gebracht, wo sich die Gestapo-Leitstelle und das Gestapo-Gefängnis befanden. Sie mussten sich einem Verhör-Marathon unterziehen, der bis in den frühen Morgen des 19. Februar 1943 dauerte. Gleichzeitig wurde ihre Studentenwohnung intensiv durchsucht.

In den beiden getrennten Befragungen leugneten die Geschwister Scholl zunächst die ihnen zur Last gelegte Tat. Sophie Scholl gab vor, die Flugblätter auf dem breiten Geländer im zweiten Stock des Lichthofs zufällig entdeckt und nach unten gestoßen zu haben. Dieselbe Version vermittelte auch Hans Scholl. Sie waren nahe davor, wieder freigelassen zu werden. Doch dann ergab die Wohnungsdurchsuchung höchst belastendes Beweismaterial. Hans und Sophie Scholl wurden damit hart konfrontiert und immer mehr in die Enge getrieben. Ihnen blieb letztlich nichts anderes übrig, als ein Geständnis abzulegen – zuerst Hans, dann Sophie. Zuvor konstruierte Kriminalobersekretär Robert Mohr, der für Sophie Scholl Sympathie und Mitleid empfand, einen Ausweg. Sie hätte sich als von ihrem Bruder manipuliert darstellen müssen. Dies lehnte sie ab. Sie stand zu ihrer Widerstandstat. Kurz vor Abschluss ihrer Gesamtvernehmung wurde sie von Robert Mohr gefragt, ob ihre Widerstandsaktivitäten *ein Verbrechen gegenüber der Gemeinschaft insbesondere aber unserer im Osten schwer und hart kämpfenden Truppe seien.*[117] Sophie war nicht bereit, diese Auffassung zu teilen. Entschieden widersprach sie: *... ich bin nach wie vor der Meinung, das Beste getan zu haben, was ich gerade jetzt für mein Volk tun konnte. Ich bereue deshalb meine Handlungsweise nicht und will die Folgen, die mir aus meiner Handlungsweise erwachsen, auf mich nehmen.*[118]

Hans Scholl bekannte sich am Ende der Verhöre genauso wie Sophie zu seinem Gewissen und offenbarte seine Widerstandsmotivation: *Als ich mich zur Herstellung und Verbreitung von Flugblättern entschlossen habe, war ich mir darüber im Klaren, dass eine solche Handlungsweise gegen den heutigen Staat gerichtet ist. Ich war der Überzeugung, dass ich aus innerem Antrieb handeln musste und war der Meinung, dass diese innere Verpflichtung höher stand als der Treueid, den ich als Soldat geleistet habe. Was ich damit auf mich nahm wusste ich, ich habe auch damit gerechnet dadurch, mein Leben zu verlieren.*[119]

Hans Scholl war während der Vernehmungen sehr darum bemüht, die Hauptschuld auf sich zu nehmen. Dadurch wollte er seine Mitstreiter entlasten. Dieser Rettungsversuch misslang jedoch. Bereits am späten Abend des 18. Februar 1943 wurde Willi Graf festgenommen, kurze Zeit später auch Christoph Probst, Alexander Schmorell und Kurt Huber.

---

[117] Zit. nach Chaussy/Ueberschär 2013, 254.
[118] Ebd., 176f.
[119] Ebd., 281.

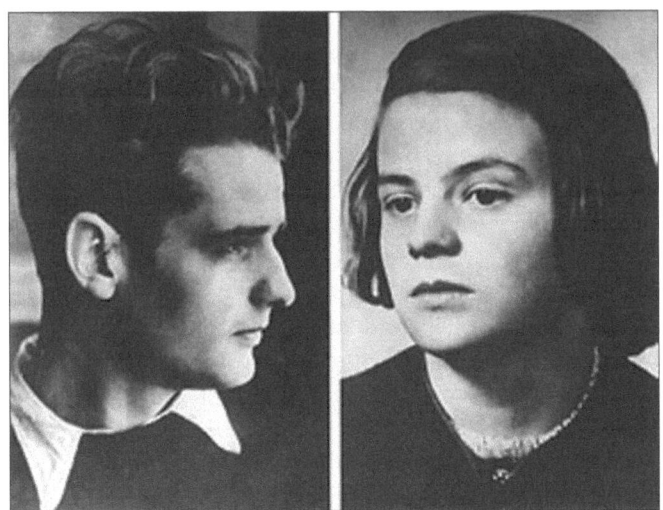

Hans und Sophie Scholl 1942/43

7. Aufrecht vor dem Volksgerichtshof

Die Haltung der Angeklagten machte wohl nicht nur mir einen tiefen Eindruck. Da standen Menschen, die ganz offensichtlich von ihren Idealen erfüllt waren.

Leo Samberger

Was die Bestrafung der Geschwister Scholl betraf, war für das Nazi-Regime Eile geboten. Um einer Ausweitung des studentischen Widerstands vorzubeugen, musste ein abschreckendes Exempel statuiert werden. Niemand sollte es noch einmal wagen, derartige Flugblatt- und Schmieraktionen durchzuführen. Und so drängte der Münchner Gauleiter Paul Giesler auf die rasche Durchführung eines Volksgerichtshof-Prozesses.

Nach den Worten von Otto Thierack, dem ersten Präsidenten des Volksgerichtshofes, hatte diese Instanz eine *volkshygienische Aufgabe*, die darin bestand, der politischen *Seuchengefahr* entgegenzuwirken.[120] Zuständig war sie für Fälle wie Hochverrat, Landesverrat, Abhören ausländischer Sender, Wehrkraftzersetzung und Feindbegünstigung. Im Grunde genommen war es nichts anderes als ein Instrument der politischen Repression beziehungsweise der nationalsozialistischen Willkürherrschaft. Zentrales Motiv seiner Richter war es, an den Gegnern des NS-Regimes Rache zu üben und den Widerstand unschädlich zu machen. Gegen dessen Entscheidungen durften keine Rechtsmittel eingelegt werden. Nur möglich war ein Gnadengesuch an Hitler, dem normalerweise nicht stattgegeben wurde. Übrigens wurden die meisten Richter und Staatsanwälte, die am Volksgerichtshof tätig waren, nach dem Kriegsende rechtlich nicht belangt. Im Nachkriegsdeutschland durften sie ihren Dienst fortsetzen, und sie erhielten nach der Zurruhesetzung reguläre Staatspensionen. Ihre Urteile wurden erst 1998 aufgehoben.

Als die Geschwister Scholl und ihre Mitstreiter verhaftet wurden, stand dem Volksgerichtshof Roland Freisler vor. Unter seiner Präsidentschaft wurde die Prozesspraxis besonders brutal, weshalb er auch als Blutrichter be-

---

[120] www.uni-protokolle.de/Lexikon/Volksgerichtshof.html

zeichnet wurde. Er fühlte sich nicht dem Recht, sondern Hitler verpflichtet: *Der Volksgerichtshof wird sich stets bemühen, so zu urteilen, wie er glaubt, dass Sie, mein Führer, den Fall selbst beurteilen würden.*[121]

Präsident des Volksgerichtshofs Roland Freisler

Der Prozess gegen die Geschwister Scholl fand nicht in Berlin am Sitz des Volksgerichtshofes statt, sondern in München. Als Prozesstag wurde der 22. Februar 1943 terminiert.

Zum Tribunal im großen Schwurgerichtssaal des Münchner Justizpalastes reiste Roland Freisler per Flugzeug aus Berlin an. Tags zuvor wurde den Geschwistern Scholl und Christoph Probst die Anklageschrift vorgelegt. Die

---

[121] http://ww.jurawelt.com/sunrise/media/mediafiles/14082/volksgerichtshof.pdf

zentralen Anklagepunkte waren: gemeinschaftliche Vorbereitung von Hochverrat, gemeinschaftliche Feindbegünstigung und gemeinschaftliche Wehrkraftzersetzung. Nachdem Sophie Scholl den Anklagetext gelesen hatte, schrieb sie auf die Rückseite der Akte zwei Wörter. Sie lauteten: *Freiheit. FREIHEIT.*[122]

Bevor Hans Scholl am Morgen des Prozesstages aus seiner Zelle geführt wurde, schrieb er einen Goethe-Satz an die Wand, der das Motto der Scholl-Familie war. Er hieß: *Allen Gewalten zum Trutz sich erhalten.*[123] Die drei Angeklagten wurden um 9.00 Uhr zum Justizpalast gefahren in der Prielmayerstraße, wo sich im Saal 253 ein großenteils handverlesenes, linientreues Publikum versammelt hatte.

Volksgerichtspräsident Roland Freisler, dessen Ziel die physische und psychische Vernichtung der Angeklagten war, legte eine menschenverachtende Prozessführung an den Tag. Er verhielt sich *tobend, schreiend, bis zum Stimmüberschlag brüllend, immer wieder explosiv aufspringend.*[124] Er trat nicht als Richter auf, sondern als Vernichter. Hierzu merkte der mitangeklagte Hans Hirzel später an: *Er hat eine Art Privatissimum-Anfang über den Status und Sinn des Gerichts gegeben. Er hat bekanntgegeben, dass das Gericht an kein Gesetz, an keine Prozessordnung gebunden sei, was natürlich wesentlich ist. Er hat dann gesagt: ‚Sehen Sie mal, wir haben nicht einmal ein Strafgesetzbuch bei uns!' – Da hat ihm ein Beisitzer ein Strafgesetzbuch, das er trotzdem, trotz dieser Auffassung bei sich hatte, zugeschoben. Worauf Freisler es packte, in den Saal warf, so dass es am Boden entlang schlidderte und brüllte: ‚Wir brauchen kein Recht! Wir brauchen kein Gesetz! Wer gegen uns ist, der wird vernichtet.'*[125]

Trotz dieses Psychoterrors blieben die Geschwister Scholl, wie der im Saal anwesende Gerichtsreferendar Leo Samberger später berichtete, *ruhig, gefasst, klar und tapfer.*[126] Ihre Standhaftigkeit und Gewissenstreue beeindruckte auch viele nationalsozialistisch gesinnte Zuschauer. Sophie Scholl hatte sogar den Mut, Roland Freisler die Stirn zu bieten: *Was wir sagten*

---

[122] Beuys 2010, 458.
[123] Zit. nach Scholl 2012, 182.
[124] Zit. nach Sturms 2013, 208.
[125] Zit. nach Chaussy/Ueberschär 2013, 187.
[126] Zit. nach Gottschalk 2012, 239.

und schrieben, denken ja so viele. Nur wagen sie nicht, es auszusprechen.[127] Und Hans Scholl scheute sich nicht davor, den Prozess ein *Affentheater* zu nennen.[128]

Am Ende dieses abscheulichen Schauspiels verkündete Roland Freisler das Urteil: *Die Angeklagten haben im Kriege in Flugblättern zur Sabotage der Rüstung und zum Sturz der nationalsozialistischen Lebensform unseres Volkes aufgerufen, defaitistische Gedanken propagiert und den Führer aufs gemeinste beschimpft und dadurch den Feind des Reiches begünstigt und unsere Wehrkraft zersetzt. Sie werden deshalb mit dem Tode bestraft.*[129] Hans und Sophie Scholl nahmen das Urteil tapfer und gefasst zur Kenntnis. Sie hatten nicht erwartet, dass es anders lauten würde.

Beim Verlassen des Gerichtssaals sprach Hans Scholl trotzig folgenden berühmt gewordenen Satz: *Heute hängt ihr uns, und morgen werdet ihr es sein, deren Köpfe rollen!*[130]

Den Eltern der Geschwister Scholl war es übrigens gelungen, gegen Ende des Prozesses in den Saal zu gelangen. Weil Robert Scholl seinen Unmut laut äußerte, wurden sie rasch wieder aus dem Saal entfernt. Anschließend versuchten sie durch ein Gnadengesuch das Leben ihrer Kinder zu retten. Es wurde noch eilig beim Generalstaatsanwalt eingereicht, jedoch abgelehnt.

---

[127] Zit. nach Scholl 2012, 61.
[128] Zit. nach Chaussy/Ueberschär 2013, 97.
[129] Ebd., 97f.
[130] Zit. nach Leisner 2004, 248.

8. Tapfer in den Tod

Der Scharfrichter sagte, so habe er noch niemanden sterben sehen.

Inge Aicher-Scholl

Direkt nach der Aburteilung wurden die Geschwister Scholl und der ebenfalls zum Tode verurteilte Christoph Probst ins Gefängnis München-Stadelheim eingeliefert, wo die Hinrichtung mit dem Fallbeil stattfinden sollte. Wider Erwarten wurde es den Scholl-Eltern gestattet, dort von ihren Kindern Abschied zu nehmen. In einem Brief an Fritz Hartnagel schilderte die Mutter, was sie wahrnahm: *Sofie und Hans waren so gefaßt und abgeschlossen mit dem Leben, daß man selbst getröstet war. Sofie lehnte leicht und lächelnd an der Heizung und hatte einen Glanz in ihren Augen, den ich sonst nicht kannte. Sie ließ gar nichts mehr an sich herankommen, sie hatte wohl in diesen Tagen alles niedergekämpft.*[131]

Danach besuchte der Gestapo-Beamte Robert Mohr Sophie Scholl nochmals in ihrer Zelle, wo er sie weinend antraf. Sie entschuldigte sich für ihre emotionale Reaktion: *Ich habe mich gerade von meinen Eltern verabschiedet, und Sie werden begreifen.*[132] Wenig später kam der Gefängnispfarrer Karl Alt, um mit den Todeskandidaten das Abendmahl zu feiern. Während ihres Beisammenseins tat Sophie Scholl den Ausspruch: *So schön scheint die Sonne und nun soll ich sterben?*[133]

Kurz vor der Hinrichtung durften sich die drei Verurteilten ein letztes Mal sehen. Die Gefangenenwärter erlaubten es ihnen, zusammen noch eine Zigarette zu rauchen. Als erste wurde Sophie Scholl zur Fallschwertmaschine geführt und enthauptet. Danach war Hans Scholl an der Reihe. Auf dem Weg zur Guillotine rief er: *Es lebe die Freiheit.*[134] Drei Minuten nach ihm musste Chistoph Probst sterben. Nach der Hinrichtungsprozedur telegrafierte der Oberreichsanwalt Albert Weyersberg in die Reichshauptstadt: *Heute ohne Zwischenfall verlaufen.*[135]

---

[131] Zit. nach Gottschalk 2012, 240.
[132] Zit. nach Beuys 2010, 464.
[133] Zit. nach Ellermeier 2012, 400.
[134] Ebd., 64.
[135] Zit. nach Beuys 2010, 465.

Die Hoffnung der Geschwister Scholl auf solidarische Reaktionen der Studierenden erfüllte sich leider nicht. Noch am Tag ihrer Hinrichtung führte die Münchner Studentenschaft in der Universität eine pro-nationalsozialistische Kundgebung durch, an der einige tausend Personen teilnahmen. Demonstrativ regimetreu verurteilten sie das Verhalten ihrer hingerichteten Kommilitonen. Frenetisch feierten sie den Hausmeister Jakob Schmid. Er nahm die Huldigungen mit dem Hitlergruß entgegen. Vom NS-Staat wurde er für seine Denunziation mit 3000 Reichsmark und einer Beförderung belohnt.

Die Leichname der Hingerichteten wurden am 24. Februar auf dem Friedhof am Perlacher Forst beigesetzt. Vorher musste Robert Scholl dem Friedhofsamt noch eidesstattlich versichern, dass es sich bei den Toten weder um Volljuden noch um Dreivierteljuden im Sinne der Nürnberger Gesetze handelte.

Drei Tage, nachdem Hans und Sophie Scholl beerdigt worden waren, wurde die Familie Scholl in Sippenhaft genommen. Elisabeth Scholl wurde Ende April aus Krankheitsgründen wieder entlassen, Lina und Inge Scholl drei Monate später. Robert Scholl hingegen wurde wegen des Hörens von Feindsendern zu 18 Monaten Gefängnis verurteilt. Auf Werner Scholl wurde die Repressionsmaßnahme nicht angewandt. Er musste an die russische Front zurückkehren, wo er seit Mai 1944 vermisst wurde.

Dasselbe Schicksal wie die beiden Scholl-Geschwister und Christoph Probst erlitten im weiteren Verlauf des Jahres 1943 auch die übrigen Mitglieder der Widerstandsgruppe Weiße Rose. Kurt Huber, Alexander Schmorell und Willi Graf wurden vom Volksgerichtshof unter dem Vorsitz von Roland Freisler ebenfalls zum Tode verurteilt und hingerichtet. Kurt Huber brachte in seiner Verteidigungsrede nochmals den zentralen moralischen Sinngrund seines Widerstands zum Ausdruck:

Ich habe mich im Sinne von Kants kategorischem Imperativ gefragt, was geschähe, wenn diese subjektive Maxime meines Handelns ein allgemeines Gesetz würde. Darauf kann es nur eine Antwort geben! Dann würde Ordnung, Sicherheit, Vertrauen in unser Staatswesen, in unser politisches Leben zurückkehren. Jeder sittlich Verantwortliche würde mit uns seine

Stimme erheben gegen die drohende Herrschaft der bloßen Macht über das Recht, der bloßen Willkür über den Willen des sittlich Guten.[136]

Samstag, 27. Februar 1943

Wegen Vorbereitung zum Hochverrat

Zwei ehrlose Subjekte hingerichtet

Der Volksgerichtshof verurteilte am 22. Februar 1943 im Schwurgerichtssaal des Justizpalastes in München den 24 Jahre alten Hans Scholl, die 21 Jahre alte Sophie Scholl, beide aus Ulm, und den 23 Jahre alten Christoph Probst, aus Aldrans bei Innsbruck wegen Vorbereitung zum Hochverrat und wegen Feindbegünstigung zum Tod und zum Verlust der bürgerlichen Ehrenrechte. Das Urteil wurde am gleichen Tage vollzogen.

Die Verurteilten hatten sich als charakteristische Einzelgänger durch Beschmieren von Häusern mit staatsfeindlichen Aufforderungen und durch Verbreitung hochverräterischer Flugschriften an der Wehrkraft und den Widerstandsgeist des deutschen Volkes in schamloser Weise vergangen. Angesichts des heroischen Kampfes des deutschen Volkes verdienen derartige verworfene Subjekte nichts anderes als den raschen und ehrlosen Tod.

Meldung über die Hinrichtung der Geschwister Scholl im Ulmer Tagblatt

---

[136] Zit. nach Sturms 2013, 254

9. Schluss

Wo Unrecht zu Recht wird, wird Widerstand Pflicht.
Bertolt Brecht

Die Geschwister Scholl waren eine Zeitlang Anhänger des Nazi-Regimes und begeisterte Mitglieder der Hitler-Jugend. Dann begann ihre persönliche Entnazifizierung. Sie gerieten in Konflikt zwischen den verinnerlichten Indoktrinationen und ihrem individuellen Gewissen. Sie lösten ihn, indem sie gewaltlosen Widerstand leisteten – zunächst passiv, dann aktiv. Zur Richtschnur ihres moralischen Urteilens und Handelns wurden universelle ethische Werte. Damit befanden sie sich aus der Perspektive des Moralpsychologen Kohlberg auf der höchsten Stufe der menschlichen Moralentwicklung, die nur von wenigen Menschen erreicht wird. Sie widersetzten sich der fremdbestimmten Gehorsamsmoral der Nationalsozialisten, wie sie von Adolf Eichmann, dem Manager der Judenvernichtung, im Jerusalemer Prozess exemplarisch zum Ausdruck gebracht wurde: *Ich war nichts anderes als ein getreuer, ordentlicher, korrekter, fleißiger ... Angehöriger der SS ... Aus dieser Einstellung heraus tat ich reinen Gewissens und gläubigen Herzens meine mir befohlene Pflicht.*[137]

Die Geschwister Scholl wollten keine Mitläufer und Befehlsempfänger mehr sein. In einem äußerst gefährlichen Kontext fassten sie den außergewöhnlichen Mut, moralische Empörung in moralisches Handeln umzusetzen. Philipp Zimbardo bezeichnete sie als *zivile Helden* und ihr standhaftes und unerschrockenes Verhalten als *soziales Heldentum*.[138]

Die Gewissensentwicklung der jungen Widerständler war ein längerer Prozess der ethischen Identitätssuche und Identitätsfindung. Ein wichtiger prägender Einfluss ging von ihrem speziellen Entwicklungs- und Lebenskontext aus. Hierzu zählten der nonkonformistische Vater, die glaubenstreue und warmherzige Mutter, die christlich-humanistischen Menschenbilder ihrer geistigen Bezugspersonen und Mentoren, der einzigartige moralische

---

[137] Zit. nach Nummer-Winkler 2012, 539.
[138] Zimbardo 2012, 425ff.

Gruppengeist des Weiße-Rose-Kreises sowie schmerzliche Lebensereignisse in der Vorkriegs- und Kriegszeit.

Es war aber nicht nur der äußere Kontext, der formend wirkte. Hans und Sophie Scholl wurden im Verlauf ihres persönlichen Wachstums zum Gestalter ihrer eigenen Entwicklung. Dabei war die Tatsache, dass sie es wagten, sich ihres Verstandes zu bedienen und die Amoralität des Nazi-Regimes zu erkennen, von entscheidender Bedeutung. Somit gelang es ihnen, sich vom kollektiven Ideologiezwang zu emanzipieren.

Ihr Eintreten für die höchsten Werte der menschlichen Zivilisation mussten die Geschwister Scholl schließlich mit dem Leben bezahlen. Obwohl von niemandem ein solches Opfer verlangt werden kann, sind sie und ihre Mitstreiter bewundernswerte Vorbilder für Zivilcourage. Sie ermutigen uns dazu, in schwierigen moralischen Konfliktsituationen unserem Gewissen zu folgen, Widerspruch anzumelden und Widerstand zu leisten. Insbesondere dort, wo die Grundwerte und Ideale unserer demokratischen Zivilisation auf dem Spiel stehen.

Das moralpsychologische Vermächtnis der Geschwister Scholl darf sicherlich nicht die Aufforderung zum Märtyrertum sein. Dies wollten beide nicht. Hans Scholl meinte einmal, dass sein Widerstand *nicht so weit gehen dürfe, dass er dabei seinen Kopf verlieren würde*.[139]

Aus dem schicksalhaften Leben der Geschwister Scholl gilt es sechs wichtige Schlüsse zu ziehen. Erstens hält in Unrechtssystemen jedes Schweigen Diktatoren an der Macht. Es führt kein Weg daran vorbei, sich zu widersetzen. Wer schweigt, wird letztlich mitschuldig. Zweitens muss Widerstand früh erfolgen. Alle Überlebenden des Widerstands gegen die Hitler-Diktatur stimmten darin überein, dass dieser zu spät erfolgt war. Drittens ist und bleibt die Richtschnur des persönlichen Handelns das eigene Gewissen. Dieses fällt nicht vom Himmel herab, sondern muss im Prozess der Personwerdung entwickelt und erarbeitet werden. Dabei sind Irrungen und Wirrungen unvermeidbar. Viertens sollte trotz des hohen Risikos in der gewaltlosen Widerstandsarbeit immer auf den Erhalt des eigenen Lebens und der Mitkämpfer geachtet werden. In der Aufbauphase nach dem Zweiten

---

[139] Zit. nach Bassler 2006, 146.

Weltkrieg wären alle hingerichteten Mitglieder der Weißen Rose dringend gebraucht worden. Fünftens muss die Widerstandsgeschichte der Geschwister Scholl und der Weißen Rose zu den zentralen Themen erinnerungskultureller Arbeit wie auch zu den Pflichtinhalten im Geschichts-, Religions- und Ethikunterricht gehören. Sechstens dürfen Kinder und Jugendliche nicht zum blinden Gehorsam erzogen werden. Er ist das Öl im Getriebe der Diktatur. Ein wichtiges familiäres und schulisches Erziehungsziel muss deshalb die Förderung einer wertbasierten, individuellen moralischen Urteilsfähigkeit sein.

Als die Geschwister Scholl kurz vor ihrer Hinrichtung ihre Eltern zum letzten Mal sahen, prägte Sophie den Satz: *Das wird Wellen schlagen.*[140] Abschließend kann ich nur wünschen, dass diese Wellen in Bewegung bleiben und das Gewissen der Nachgeborenen weiterhin positiv beunruhigen.

Exkurs

Thomas Mann in der Rundfunksendung "Deutsche Hörer!" vom BBC, London, Mai 1943:

Ich sage: Ehre den Völkern Europas! Und ich füge etwas hinzu, was im Augenblick manchem, der mich hört, befremdlich klingen mag: Ehre und Mitgefühl auch dem deutschen Volk! Die Lehre, dass man zwischen ihm und dem Nazitum nicht unterscheiden dürfe, dass deutsch und nationalsozialistisch ein und dasselbe seien, wird in den Ländern der Alliierten zuweilen, nicht ohne Geist, vertreten; aber sie ist unhaltbar und wird sich nicht durchsetzen. Zu viele Tatsachen sprechen dagegen. Deutschland hat sich gewehrt und fährt fort, sich zu wehren, so gut wie die anderen.

Jetzt ist die Welt zutiefst bewegt von den Vorgängen an der Münchner Universität, wovon die Nachricht durch Schweizer und schwedische Blätter, erst ungenau, dann mit immer ergreifenderen Einzelheiten zu uns gedrungen ist: Wir wissen nun von Hans Scholl und seiner Schwester; von Christoph Probst, dem Professor Huber und all den anderen; von dem österlichen Aufstand der Studenten gegen die obszöne Ansprache eines Nazi-

---

[140] Zit. nach Scholl 2012, 64.

Bonzen im Auditorium maximum, von ihrem Märtyrertod unterm Beil, von der Flugschrift, die sie verteilt hatten, und worin Worte stehen, die vieles gut machen, was in gewissen unseligen Jahren an deutschen Universitäten gegen den Geist deutscher Freiheit gesündigt worden ist. Ja, sie war kummervoll, die Anfälligkeit der deutschen Jugend – gerade der Jugend – für die nationalsozialistische Lügenrevolution. Jetzt sind ihre Augen geöffnet, und sie legen das junge Haupt auf den Block für ihre Erkenntnis und für Deutschlands Ehre – legen ihn dorthin, nachdem sie vor Gericht dem Nazi-Präsidenten ins Gesicht gesagt: 'Bald werden Sie hier stehen, wo ich jetzt stehe', nachdem sie im Angesicht des Todes bezeugt: Ein neuer Glaube dämmert an Freiheit und Ehre.

Brave, herrliche Leute! Ihr sollt nicht umsonst gestorben, sollt nicht vergessen sein. Die Nazis haben schmutzigen Rowdies, gemeinen Killern in Deutschland Denkmäler gesetzt – die deutsche Revolution, die wirkliche, wird sie niederreißen und an ihrer Stelle Eure Namen verewigen, die Ihr, als noch Nacht über Deutschland und Europa lag, wusstet und verkündetet: Es dämmert ein neuer Glaube an Freiheit und Ehre.

10. Flugblätter der Weißen Rose

Flugblatt I

Nichts ist eines Kulturvolkes unwürdiger, als sich ohne Widerstand von einer verantwortungslosen und dunklen Trieben ergebenen Herrscherclique "regieren" zu lassen. Ist es nicht so, daß sich jeder ehrliche Deutsche heute seiner Regierung schämt, und wer von uns ahnt das Ausmaß der Schmach, die über uns und unsere Kinder kommen wird, wenn einst der Schleier von unseren Augen gefallen ist und die grauenvollsten und jegliches Maß unendlich überschreitenden Verbrechen ans Tageslicht treten?

Wenn das deutsche Volk schon so in seinem tiefsten Wesen korrumpiert und zerfallen ist, daß es, ohne eine Hand zu regen, im leichtsinnigen Vertrauen auf eine fragwürdige Gesetzmäßigkeit der Geschichte das Höchste, das ein Mensch besitzt und das ihn über jede andere Kreatur erhöht, nämlich den freien Willen, preisgibt, die Freiheit des Menschen preisgibt, selbst mit einzugreifen in das Rad der Geschichte und es seiner vernünftigen Entscheidung unterzuordnen – wenn die Deutschen, so jeder Individualität bar, schon so sehr zur geistlosen und feigen Masse geworden sind, dann, ja dann verdienen sie den Untergang.

Goethe spricht von den Deutschen als einem tragischen Volke, gleich dem der Juden und Griechen, aber heute hat es eher den Anschein, als sei es eine seichte, willenlose Herde von Mitläufern, denen das Mark aus dem Innersten gesogen und die nun ihres Kerns beraubt, bereit sind, sich in den Untergang hetzen zu lassen. Es scheint so – aber es ist nicht so; vielmehr hat man in langsamer, trügerischer, systematischer Vergewaltigung jeden einzelnen in ein geistiges Gefängnis gesteckt, und erst als er darin gefesselt lag, wurde er sich des Verhängnisses bewußt. Wenige nur erkannten das drohende Verderben, und der Lohn für ihr heroisches Mahnen war der Tod. Über das Schicksal dieser Menschen wird noch zu reden sein.

Wenn jeder wartet, bis der andere anfängt, werden die Boten der rächenden Nemesis unaufhaltsam näher und näher rücken, dann wird auch das letzte Opfer sinnlos in den Rachen des unersättlichen Dämons geworfen sein. Daher muß jeder einzelne seiner Verantwortung als Mitglied der christlichen und abendländischen Kultur bewußt in dieser letzten Stunde sich wehren, soviel er kann, arbeiten wider die Geißel der Menschheit, wider den Faschismus und jedes ihm ähnliche System des absoluten Staates. Leistet passiven Widerstand – Widerstand –, wo immer Ihr auch seid, verhindert das Weiterlaufen dieser atheistischen Kriegsmaschine, ehe es zu spät ist, ehe die letzten Städte ein Trümmerhaufen sind, gleich Köln, und ehe die letzte Jugend des Volkes irgendwo für die Hybris eines Untermenschen verblutet ist. Vergeßt nicht, daß ein jedes Volk diejenige Regierung verdient, die es erträgt!

Aus Friedrich Schiller, "Die Gesetzgebung des Lykurgus und Solon":

".... Gegen seinen eigenen Zweck gehalten, ist die Gesetzgebung des Lykurgus ein Meisterstück der Staats- und Menschenkunde. Er wollte einen mächtigen, in sich selbst gegründeten, unzerstörbaren Staat; politische Stärke und Dauerhaftigkeit waren das Ziel, wonach er strebte, und dieses Ziel hat er so weit erreicht, als unter seinen Umständen möglich war. Aber hält man den Zweck, welchen Lykurgus sich vorsetzte, gegen den Zweck der Menschheit, so muß eine tiefe Mißbilligung an die Stelle der Bewunderung treten, die uns der erste flüchtige Blick abgewonnen hat. Alles darf dem Besten des Staats zum Opfer gebracht werden, nur dasjenige nicht, dem der Staat selbst nur als ein Mittel dient. Der Staat selbst ist niemals Zweck, er ist nur wichtig als eine Bedingung, unter welcher der Zweck der Menschheit erfüllt werden kann, und dieser Zweck der Menschheit ist kein anderer, als Ausbildung aller Kräfte des Menschen, Fortschreitung. Hindert eine Staatsverfassung, daß alle Kräfte, die im Menschen liegen, sich entwickeln; hindert sie die Fortschreitung des Geistes, so ist sie verwerflich und schädlich, sie mag übrigens noch so durchdacht und in ihrer Art noch so vollkommen sein. Ihre Dauerhaftigkeit selbst gereicht ihr alsdann viel mehr zum Vorwurf als zum Ruhme – sie ist dann nur ein verlängertes Übel; je länger sie Bestand hat, um so schädlicher ist sie.

... Auf Unkosten aller sittlichen Gefühle wurde das politische Verdienst errungen und die Fähigkeit dazu ausgebildet. In Sparta gab es keine eheliche Liebe, keine Mutterliebe, keine kindliche Liebe, keine Freundschaft es gab nichts als Bürger, nichts als bürgerliche Tugend.

... Ein Staatsgesetz machte den Spartanern die Unmenschlichkeit gegen ihre Sklaven zur Pflicht; in diesen unglücklichen Schlachtopfern wurde die Menschheit beschimpft und mißhandelt. In dem spartanischen Gesetzbuche selbst wurde der gefährliche Grundsatz gepredigt, Menschen als Mittel und nicht als Zwecke zu betrachten dadurch wurden die Grundfesten des Naturrechts und der Sittlichkeit gesetzmäßig eingerissen.

... Welch schöneres Schauspiel gibt der rauhe Krieger Gaius Marcius in seinem Lager vor Rom, der Rache und Sieg aufopfert, weil er die Tränen der Mutter nicht fließen sehen kann!

... Der Staat (des Lykurgus) könnte nur unter der einzigen Bedingung fortdauern, wenn der Geist des Volks stillstünde; er könnte sich also nur dadurch erhalten, daß er den höchsten und einzigen Zweck eines Staates verfehlte."

Aus Goethes "Des Epimenides Erwachen", zweiter Aufzug, vierter Auftritt:

Genien:

Doch was dem Abgrund kühn entstiegen,
Kann durch ein ehernes Geschick
Den halben Weltkreis übersiegen,
Zum Abgrund muß es doch zurück.
Schon droht ein ungeheures Bangen,
Vergebens wird er widerstehn!
Und alle, die noch an ihm bangen,
Sie müssen mit zu Grunde gehn.

Hoffnung:

Nun begegn' ich meinen Braven,
Die sich in der Nacht versammelt,
Um zu schweigen, nicht zu schlafen,
Und das schöne Wort der Freiheit
Wird gelispelt und gestammelt,
Bis in ungewohnter Neuheit
Wir an unsrer Tempel Stufen

Wieder neu entzückt es rufen:
(Mit Überzeugung, laut:)
Freiheit!
(gemässigter:)
Freiheit!
(von allen Seiten und Enden Echo:)
Freiheit!

Wir bitten Sie, dieses Blatt mit möglichst vielen Durchschlägen abzuschreiben und weiterzuverteilen!

Flugblatt II

Man kann sich mit dem Nationalsozialismus geistig nicht auseinandersetzen, weil er ungeistig ist. Es ist falsch, wenn man von einer nationalsozialistischen Weltanschauung spricht, denn wenn es diese gäbe, müßte man versuchen, sie mit geistigen Mitteln zu beweisen oder zu bekämpfen – die Wirklichkeit aber bietet uns ein völlig anderes Bild: schon in ihrem ersten Keim war diese Bewegung auf den Betrug des Mitmenschen angewiesen, schon damals war sie im Innersten verfault und konnte sich nur durch die stete Lüge retten.

Schreibt doch Hitler selbst in einer frühen Auflage "seines" Buches (ein Buch, das in dem übelsten Deutsch geschrieben worden ist, das ich je gelesen habe; dennoch ist es von dem Volke der Dichter und Denker zur Bibel erhoben worden): "Man glaubt nicht, wie man ein Volk betrügen muß, um es zu regieren." Wenn sich nun am Anfang dieses Krebsgeschwür des deutschen Volkes noch nicht allzusehr bemerkbar gemacht hatte, so nur deshalb, weil noch gute Kräfte genug am Werk waren, es zurückzuhalten. Wie es aber größer und größer wurde und schließlich mittels einer letzten gemeinen Korruption zur Macht kam, das Geschwür gleichsam aufbrach und den ganzen Körper besudelte, versteckte sich die Mehrzahl der früheren Gegner, flüchtete die deutsche Intelligenz in ein Kellerloch, um dort als Nachtschattengewächs, dem Licht und der Sonne verborgen, allmählich zu ersticken. jetzt stehen wir vor dem Ende. jetzt kommt es darauf an, sich gegenseitig wiederzufinden, aufzuklären von Mensch zu Mensch, immer daran zu denken und sich keine Ruhe zu geben, bis auch der Letzte von der äußersten Notwendigkeit seines Kämpfens wider dieses System überzeugt ist. Wenn so eine Welle des Aufruhrs durch das Land geht, wenn "es in der Luft liegt", wenn viele mitmachen, dann kann in einer letzten, gewaltigen Anstrengung dieses System abgeschüttelt werden. Ein Ende mit Schrecken ist immer noch besser als ein Schrecken ohne Ende.

Es ist uns nicht gegeben, ein endgültiges Urteil über den Sinn unserer Geschichte zu fällen. Aber wenn diese Katastrophe uns zum Heile dienen soll, so doch nur dadurch: durch das Leid gereinigt zu werden, aus der tiefsten

Nacht heraus das Licht zu ersehnen, sich aufzuraffen und endlich mitzuhelfen, das Joch abzuschütteln, das die Welt bedrückt.

Nicht über die Judenfrage wollen wir in diesem Blatte schreiben, keine Verteidigungsrede verfassen – nein, nur als Beispiel wollen wir die Tatsache kurz anführen, die Tatsache, daß seit der Eroberung Polens dreihunderttausend Juden in diesem Land auf bestialischste Art ermordet worden sind. Hier sehen wir das fürchterlichste Verbrechen an der Würde des Menschen, ein Verbrechen, dem sich kein ähnliches in der ganzen Menschengeschichte an die Seite stellen kann. Auch die Juden sind doch Menschen – man mag sich zur Judenfrage stellen wie man will –, und an Menschen wurde solches verübt. Vielleicht sagt jemand, die Juden hätten ein solches Schicksal verdient; diese Behauptung wäre eine ungeheure Anmaßung; aber angenommen, es sagte jemand dies, wie stellt er sich dann zu der Tatsache, daß die gesamte polnische adelige Jugend vernichtet worden ist (gebe Gott, daß sie es noch nicht ist!)? Auf welche Art, fragen Sie, ist solches geschehen? Alle männlichen Sprößlinge aus adeligen Geschlechtern zwischen 15 und 20 Jahren wurden in Konzentrationslager nach Deutschland zur Zwangsarbeit, alle Mädchen gleichen Alters nach Norwegen in die Bordelle der SS verschleppt! Wozu wir dies Ihnen alles erzählen, da Sie es schon selber wissen, wenn nicht diese, so andere gleich schwere Verbrechen des fürchterlichen Untermenschentums? Weil hier eine Frage berührt wird, die uns alle zutiefst angeht und allen zu denken geben muß. Warum verhält sich das deutsche Volk angesichts all dieser scheußlichsten menschenunwürdigsten Verbrechen so apathisch? Kaum irgend jemand macht sich Gedanken darüber. Die Tatsache wird als solche hingenommen und ad acta gelegt. Und wieder schläft das deutsche Volk in seinem stumpfen, blöden Schlaf weiter und gibt diesen faschistischen Verbrechern Mut und Gelegenheit, weiterzutöten –, und diese tun es. Sollte dies ein Zeichen dafür sein, daß die Deutschen in ihren primitivsten menschlichen Gefühlen verroht sind, daß keine Saite in ihnen schrill aufschreit im Angesicht solcher Taten, daß sie in einen tödlichen Schlaf versunken sind, aus dem es kein Erwachen mehr gibt, nie, niemals? Es scheint so und ist es bestimmt, wenn der Deutsche nicht endlich aus dieser Dumpfheit auffährt, wenn er nicht protestiert, wo immer er nur kann, gegen diese Verbrecherclique, wenn er mit diesen Hunderttausenden von Opfern nicht mitleidet. Und nicht nur Mitleid muß er empfinden, nein, noch viel mehr: Mitschuld. Denn er gibt durch sein apathisches Verhalten diesen dunklen Menschen erst die Möglichkeit, so zu handeln, er leidet diese "Regierung", die eine so unendliche Schuld auf sich geladen hat, ja, er ist doch selbst schuld daran, daß sie überhaupt entstehen konnte! Ein jeder will sich von einer solchen Mitschuld freisprechen, ein jeder tut es und schläft dann wieder mit ruhigstem, bestem Gewissen. Aber er kann sich nicht freisprechen, ein jeder ist schuldig, schuldig, schuldig! Doch ist es noch nicht zu spät, diese abscheulichste aller Mißgeburten von Regierungen aus der Welt zu schaffen, um nicht noch mehr Schuld auf sich zu laden. Jetzt, da uns in den letzten Jahren die Augen vollkommen geöffnet worden sind, da wir wissen, mit wem wir es zu tun haben, jetzt ist es allerhöchste Zeit, diese braune Horde auszurotten. Bis zum Ausbruch des Krieges war der größte Teil des deutschen Volkes geblendet, die Nationalsozialisten zeigten sich nicht in ihrer wahren Gestalt, doch jetzt, da man sie erkannt hat, muß es die einzige und höchste Pflicht, ja heiligste Pflicht eines jeden Deutschen sein, diese Bestien zu vertilgen.

"Der, des Verwaltung unauffällig ist, des Volk ist froh. Der, des Verwaltung aufdringlich ist, des Volk ist gebrochen. Elend, ach, ist es, worauf Glück sich aufbaut. Glück, ach, verschleiert nur Elend. Wo soll das hinaus? Das Ende ist nicht abzusehen. Das Geordnete verkehrt sich in Unordnung, das Gute verkehrt sich in Schlechtes. Das Volk gerät in Verwirrung. Ist es nicht so, täglich, seit langem? Daher ist der Hohe Mensch rechteckig, aber er stößt nicht an, er ist kantig, aber verletzt nicht, er ist aufrecht, aber nicht schroff. Er ist klar, aber will nicht glänzen." Lao-tse.

"Wer unternimmt, das Reich zu beherrschen und es nach seiner Willkür zu gestalten; ich sehe ihn sein Ziel nicht erreichen; das ist alles."
"Das Reich ist ein lebendiger Organismus; es kann nicht gemacht werden, wahrlich! Wer daran machen will, verdirbt es, wer sich seiner bemächtigen will, verliert es."
Daher: "Von den Wesen gehen manche vorauf, andere folgen ihnen, manche atmen warm, manche kalt, manche sind stark, manche schwach, manche erlangen Fülle, andere unterliegen."
"Der Hohe Mensch daher läßt ab von Übertriebenheit, läßt ab von Überhebung, läßt ab von Übergriffen." Lao-tse

Wir bitten, diese Schrift mit möglichst vielen Durchschlägen abzuschreiben und weiterzuverteilen.

Flugblatt III

"Salus publica suprema lex."

Alle idealen Staatsformen sind Utopien. Ein Staat kann nicht rein theoretisch konstruiert werden, sondern er muß ebenso wachsen, reifen wie der einzelne Mensch. Aber es ist nicht zu vergessen, daß am Anfang einer jeden Kultur die Vorform des Staates vorhanden war.

Die Familie ist so alt wie die Menschen selbst, und aus diesem anfänglichen Zusammensein hat sich der vernunftbegabte Mensch einen Staat geschaffen, dessen Grund die Gerechtigkeit und dessen höchstes Gesetz das Wohl Aller sein soll. Der Staat soll eine Analogie der göttlichen Ordnung darstellen, und die höchste aller Utopien, die civitas Dei, ist das Vorbild, dem er sich letzten Endes nähern soll. Wir wollen hier nicht urteilen über die verschiedenen möglichen Staatsformen, die Demokratie, die konstitutionelle Monarchie, das Königtum usw. Nur eines will eindeutig und klar herausgehoben werden: jeder einzelne Mensch hat einen Anspruch auf einen brauchbaren und gerechten Staat, der die Freiheit des einzelnen als auch das Wohl der Gesamtheit sichert. Denn der Mensch soll nach Gottes Willen frei und unabhängig im Zusammenleben und Zusammenwirken der staatlichen Gemeinschaft sein natürliches Ziel, sein irdisches Glück in Selbständigkeit und Selbsttätigkeit zu erreichen suchen.

Unser heutiger "Staat" aber ist die Diktatur des Bösen. "Das wissen wir schon lange", höre ich Dich einwenden, "und wir haben es nicht nötig, daß uns dies hier noch einmal vorgehalten wird." Aber, frage ich Dich, wenn Ihr das wißt, warum regt Ihr Euch nicht, warum duldet Ihr, daß diese Gewalthaber Schritt für Schritt offen und im verborgenen eine Domäne Eures Rechts nach der anderen rauben, bis eines Tages nichts, aber auch gar nichts übrigbleiben wird als ein mechanisiertes Staatsgetriebe, kommandiert von Verbrechern und Säufern? Ist Euer Geist schon so sehr der Vergewaltigung unterlegen, daß Ihr vergeßt, daß es nicht nur Euer Recht, sondern Eure sittliche Pflicht ist, dieses System zu beseitigen? Wenn aber ein Mensch nicht mehr die Kraft aufbringt, sein Recht zu fordern, dann muß er mit absoluter Notwendigkeit untergehen. Wir würden es verdienen, in alle Welt verstreut zu werden wie der Staub vor dem Winde, wenn wir uns in dieser zwölften Stunde nicht aufrafften und endlich den Mut aufbrächten, der uns seither gefehlt hat. Verbergt nicht Eure Feigheit unter dem Mantel der Klugheit. Denn mit jedem Tag, da Ihr noch zögert, da Ihr dieser Ausgeburt der Hölle nicht widersteht, wächst Eure Schuld gleich einer parabolischen Kurve höher und immer höher.

Viele, vielleicht die meisten Leser dieser Blätter sind sich darüber nicht klar, wie sie einen Widerstand ausüben sollen. Sie sehen keine Möglichkeiten. Wir wollen versuchen, ihnen zu zeigen, daß ein jeder in der Lage ist, etwas beizutragen zum Sturz dieses Systems. Nicht durch individualistische Gegnerschaft, in der Art verbitterter Einsiedler, wird es möglich werden, den Boden für einen Sturz dieser "Regierung" reif zu machen oder gar den Umsturz möglichst bald herbeizuführen, sondern nur durch die Zusammenarbeit vieler überzeugter, tatkräftiger Menschen, Menschen, die sich einig sind, mit welchen Mitteln sie ihr Ziel erreichen können. Wir haben keine reiche Auswahl an solchen Mitteln, nur ein einziges steht uns zur Verfügung – der passive Widerstand.

Der Sinn und das Ziel des passiven Widerstandes ist, den Nationalsozialismus zu Fall zu bringen, und in diesem Kampf ist vor keinem Weg, vor keiner Tat zurückzuschrecken, mögen sie auf Gebieten liegen, auf welchen sie auch wollen. An allen Stellen muß der Nationalsozialismus angegriffen werden, an denen er nur angreifbar ist. Ein Ende muß diesem Unstaat möglichst bald bereitet werden – ein Sieg des faschistischen Deutschland in diesem Kriege hätte unabsehbare, fürchterliche Folgen. Nicht der militärische Sieg über den Bolschewismus darf die erste Sorge für jeden Deutschen sein, sondern die Niederlage der Nationalsozialisten. Dies muß unbedingt an erster Stelle stehen. Die größere Notwendigkeit dieser letzten Forderung werden wir Ihnen in einem unserer nächsten Blätter beweisen.

Und jetzt muß sich ein jeder entschiedene Gegner des Nationalsozialismus die Frage vorlegen: Wie kann er gegen den gegenwärtigen "Staat" am wirksamsten ankämpfen, wie ihm die empfindlichsten Schläge beibringen? Durch den passiven Widerstand – zweifellos. Es ist klar, daß wir unmöglich für jeden einzelnen Richtlinien für sein Verhalten geben können, nur allgemein andeuten können wir, den Weg zur Verwirklichung muß jeder selber finden.

Sabotage in Rüstungs- und kriegswichtigen Betrieben, Sabotage in allen Versammlungen, Kundgebungen, Festlichkeiten, Organisationen, die durch die nationalsozialistische Partei ins Leben gerufen werden. Verhinderung des reibungslosen Ablaufs der Kriegsmaschine (einer Maschine, die nur für einen Krieg arbeitet, der es allein um die Rettung und Erhaltung der nationalsozialistischen Partei und ihrer Diktatur geht). Sabotage auf allen wissenschaftlichen und geistigen Gebieten, die für eine Fortführung des gegenwärtigen Krieges tätig sind – sei es in Universitäten, Hochschulen, Laboratorien, Forschungsanstalten, technischen Büros. Sabotage in allen Veranstaltungen kultureller Art, die das "Ansehen" der Faschisten im Volke heben könnten. Sabotage in allen Zweigen der bildenden Künste, die nur im geringsten im Zusammenhang mit dem Nationalsozialismus stehen und ihm dienen. Sabotage in allem Schrifttum, allen Zeitungen, die im Solde der "Regierung" stehen, für ihre Ideen, für die Verbreitung der braunen Lüge kämpfen. Opfert nicht einen Pfennig bei Straßensammlungen (auch wenn sie unter dem Deckmantel wohltätiger Zwecke durchgeführt werden). Denn dies ist nur eine Tarnung. In Wirklichkeit kommt das Ergebnis weder dem Roten Kreuz noch den Notleidenden zugute. Die Regierung braucht dies Geld nicht, ist auf diese Sammlungen finanziell nicht angewiesen – die Druckmaschinen laufen ja ununterbrochen und stellen jede beliebige Menge Papiergeld her. Das Volk muß aber dauernd in Spannung gehalten werden, nie darf der Druck der Kandare nachlassen! Gebt nichts für die Metall-, Spinnstoff- und andere Sammlungen. Sucht alle Bekannten auch aus den unteren Volksschichten von der Sinnlosigkeit einer Fortführung, von der Aussichtslosigkeit dieses Krieges, von der geistigen und wirtschaftlichen Versklavung durch den Nationalsozialismus, von der Zerstörung aller sittlichen und religiösen Werte zu überzeugen und zum passiven Widerstand zu veranlassen!

Aristoteles, "Über die Politik": "... ferner gehört es" (zum Wesen der Tyrannis), "dahin zu streben, daß ja nichts verborgen bleibe, was irgendein Untertan spricht oder tut, sondern überall Späher ihn belauschen, ... ferner alle Welt miteinander zu verhetzen und Freunde mit Freunden zu verfeinden und das Volk mit den Vornehmen und die Reichen unter sich. Sodann gehört es zu solchen tyrannischen Maßregeln, die Untertanen arm zu machen, damit die Leibwache besoldet werden kann, und sie, mit der Sorge um ihren täglichen Erwerb beschäftigt, keine Zeit und Muße haben, Verschwörungen anzustiften... Ferner aber auch solche hohe Einkommensteuern, wie die in Syrakus auferlegten, denn unter Dionysios hatten die Bürger dieses Staates in fünf Jahren glücklich ihr ganzes Vermögen in Steuern ausgegeben. Und auch beständig Kriege zu erregen, ist der Tyrann geneigt..."

Bitte vervielfältigen und weitergeben!

Flugblatt IV

Es ist eine alte Weisheit, die man Kindern immer wieder aufs neue predigt, daß, wer nicht hören will, fühlen muß. Ein kluges Kind wird sich aber die Finger nur einmal am heißen Ofen verbrennen. In den vergangenen Wochen hatte Hitler sowohl in Afrika, als auch in Rußland Erfolge zu verzeichnen. Die Folge davon war, daß der Optimismus auf der einen, die Bestürzung und der Pessimismus auf der anderen Seite des Volkes mit einer der deutschen Trägheit unvergleichlichen Schnelligkeit anstieg.

Allenthalben hörte man unter den Gegnern Hitlers, also unter dem besseren Teil des Volkes, Klagerufe, Worte der Enttäuschung und der Entmutigung, die nicht selten in dem Ausruf endigten: "Sollte nun Hitler doch...?"

Indessen ist der deutsche Angriff auf Ägypten zum Stillstand gekommen, Rommel muß in einer gefährlich exponierten Lage verharren aber noch geht der Vormarsch im Osten weiter. Dieser scheinbare Erfolg ist unter den grauenhaftesten Opfern erkauft worden, so daß er schon nicht mehr als vorteilhaft bezeichnet werden kann. Wir warnen daher vor jedem Optimismus.

Wer hat die Toten gezählt, Hitler oder Goebbels – wohl keiner von beiden. Täglich fallen in Rußland Tausende. Es ist die Zeit der Ernte, und der Schnitter fährt mit vollem Zug in die reife Saat. Die Trauer kehrt ein in die Hütten der Heimat und niemand ist da, der die Tränen der Mütter trocknet, Hitler aber belügt die, deren teuerstes Gut er geraubt und in den sinnlosen Tod getrieben hat.

Jedes Wort, das aus Hitlers Munde kommt, ist Lüge. Wenn er Frieden sagt, meint er den Krieg, und wenn er in frevelhaftester Weise den Namen des Allmächtigen nennt, meint er die Macht des Bösen, den gefallenen Engel, den Satan. Sein Mund ist der stinkende Rachen der Hölle, und seine Macht ist im Grunde verworfen. Wohl muß man mit rationalen Mitteln den Kampf wider den nationalsozialistischen Terrorstaat führen; wer aber heute noch an der realen Existenz der dämonischen Mächte zweifelt, hat den metaphysischen Hintergrund dieses Krieges bei weitem nicht begriffen. Hinter dem Konkreten, hinter dem sinnlich Wahrnehmbaren, hinter allen sachlichen, logischen Überlegungen steht das Irrationale, d. i. der Kampf wider den Dämon, wider den Boten des Antichrists. Überall und zu allen Zeiten haben die Dämonen im Dunkeln gelauert auf die Stunde, da der Mensch schwach wird, da er seine ihm von Gott auf Freiheit gegründete Stellung im ordo eigenmächtig verläßt, da er dem Druck des Bösen nachgibt, sich von den Mächten höherer Ordnung loslöst und so, nachdem er den ersten Schritt freiwillig getan, zum zweiten und dritten und immer mehr getrieben wird mit rasend steigender Geschwindigkeit – überall und zu allen Zeiten der höchsten Not sind Menschen aufgestanden, Propheten, Heilige, die ihre Freiheit gewahrt hatten, die auf den Einzigen Gott hinwiesen und mit seiner Hilfe das Volk zur Umkehr mahnten. Wohl ist der Mensch frei, aber er ist wehrlos wider das Böse ohne den wahren Gott, er ist wie ein Schiff ohne Ruder, dem Sturme preisgegeben, wie ein Säugling ohne Mutter, wie eine Wolke, die sich auflöst.

Gibt es, so frage ich Dich, der Du ein Christ bist, gibt es in diesem Ringen um die Erhaltung Deiner höchsten Güter ein Zögern, ein Spiel mit Intrigen, ein Hinausschieben der Entscheidung in der Hoffnung, daß ein anderer die Waffen erhebt, um Dich zu verteidigen? Hat Dir nicht Gott selbst die Kraft und den Mut gegeben zu kämpfen? Wir müssen das Böse dort angreifen, wo es am mächtigsten ist, und es ist am mächtigsten in der Macht Hitlers.

"Ich wandte mich und sah an alles Unrecht, das geschah unter der Sonne; und siehe, da waren Tränen derer, so Unrecht litten und hatten keinen Tröster; und die ihnen Unrecht taten, waren so mächtig, daß sie keinen Tröster haben konnten.

Da lobte ich die Toten, die schon gestorben waren, mehr denn die Lebendigen, die noch das Leben hatten..." (Sprüche)

Novalis: "Wahrhafte Anarchie ist das Zeugungselement der Religion. Aus der Vernichtung alles Positiven hebt sie ihr glorreiches Haupt als neue Weltstifterin empor... Wenn Europa wieder erwachen wollte, wenn ein Staat der Staaten, eine politische Wissenschaftslehre bevorstände! Sollte etwa die Hierarchie... das Prinzip des Staatenvereins sein?... Es wird so lange Blut über Europa strömen, bis die Nationen ihren fürchterlichen Wahnsinn gewahr werden, der sie im Kreis herumtreibt, und von heiliger Musik getroffen und besänftigt zu ehemaligen Altären in bunter Vermischung treten, Werke des Friedens vornehmen und ein großes Friedensfest auf den rauchenden Walstätten mit heißen Tränen gefeiert wird. Nur die Religion kann Europa wieder aufwecken und das Völkerrecht sichern und die Christenheit mit neuer Herrlichkeit sichtbar auf Erden in ihr friedenstiftendes Amt installieren."

Wir weisen ausdrücklich darauf hin, daß die Weiße Rose nicht im Solde einer ausländischen Macht steht. Obgleich wir wissen, daß die nationalsozialistische Macht militärisch gebrochen werden muß, suchen wir eine Erneuerung des schwerverwundeten deutschen Geistes von innen her zu erreichen. Dieser Wiedergeburt muß aber die klare Erkenntnis aller Schuld, die das deutsche Volk auf sich geladen hat, und ein rücksichtsloser Kampf gegen Hitler und seine allzuvielen Helfershelfer, Parteimitglieder, Quislinge usw. vorausgehen. Mit aller Brutalität muß die Kluft zwischen dem besseren Teil des Volkes und allem, was mit dem Nationalsozialismus zusammenhängt, aufgerissen werden. Für Hitler und seine Anhänger gibt es auf dieser Erde keine Strafe, die ihren Taten gerecht wäre. Aber aus Liebe zu kommenden Generationen muß nach Beendigung des Krieges ein Exempel statuiert werden, daß niemand auch nur die geringste Lust je verspüren sollte, Ähnliches aufs neue zu versuchen. Vergeßt auch nicht die kleinen Schurken dieses Systems, merkt Euch die Namen, auf daß keiner entkomme! Es soll ihnen nicht gelingen, in letzter Minute noch nach diesen Scheußlichkeiten die Fahne zu wechseln und so zu tun, als ob nichts gewesen wäre! Zu Ihrer Beruhigung möchten wir noch hinzufügen, daß die Adressen der Leser der Weißen Rose nirgendwo schriftlich niedergelegt sind. Die Adressen sind willkürlich Adreßbüchern entnommen.

Wir schweigen nicht, wir sind Euer böses Gewissen; die Weiße Rose läßt Euch keine Ruhe!

Bitte vervielfältigen und weitersenden!

Flugblatt V

Der Krieg geht seinem sicheren Ende entgegen. Wie im Jahre 1918 versucht die deutsche Regierung alle Aufmerksamkeit auf die wachsende U-Boot-Gefahr zu lenken, während im Osten die Armeen unaufhörlich zurückströmen, im Westen die Invasion erwartet wird. Die Rüstung Amerikas hat ihren Höhepunkt noch nicht erreicht, aber heute schon übertrifft sie alles in der Geschichte seither Dagewesene.

Mit mathematischer Sicherheit führt Hitler das deutsche Volk in den Abgrund. Hitler kann den Krieg nicht gewinnen, nur noch verlängern! Seine und seiner Helfer Schuld hat jedes Maß unendlich überschritten. Die gerechte Strafe rückt näher und näher!

Was aber tut das deutsche Volk? Es sieht nicht und es hört nicht. Blindlings folgt es seinen Verführern ins Verderben. Sieg um jeden Preis! haben sie auf ihre Fahne geschrieben. Ich kämpfe bis zum letzten Mann, sagt Hitler – indes ist der Krieg bereits verloren.

Deutsche! Wollt Ihr und Eure Kinder dasselbe Schicksal erleiden, das den Juden widerfahren ist? Wollt Ihr mit dem gleichen Maße gemessen werden wie Eure Verführer? Sollen wir auf ewig das von aller Welt gehaßte und ausgestoßene Volk sein? Nein! Darum trennt Euch von dem nationalsozialistischen Untermenschentum! Beweist durch die Tat, daß Ihr anders denkt! Ein neuer Befreiungskrieg bricht an. Der bessere Teil des Volkes kämpft auf unserer Seite. Zerreißt den Mantel der Gleichgültigkeit, den Ihr um Euer Herz gelegt! Entscheidet Euch, ehe es zu spät ist!

Glaubt nicht der nationalsozialistischen Propaganda, die Euch den Bolschewistenschreck in die Glieder gejagt hat! Glaubt nicht, daß Deutschlands Heil mit dem Sieg des Nationalsozialismus auf Gedeih und Verderben verbunden sei! Ein Verbrechertum kann keinen deutschen Sieg erringen. Trennt Euch rechtzeitig von allem, was mit dem Nationalsozialismus zusammenhängt! Nachher wird ein schreckliches, aber gerechtes Gericht kommen über die, die so sich feig und unentschlossen verborgen hielten.

Was lehrt uns der Ausgang dieses Krieges, der nie ein nationaler war?

Der imperialistische Machtgedanke muß, von welcher Seite er auch kommen möge, für alle Zeit unschädlich gemacht werden. Ein einseitiger preußischer Militarismus darf nie mehr zur Macht gelangen. Nur in großzügiger Zusammenarbeit der europäischen Völker kann der Boden geschaffen werden, auf welchem ein neuer Aufbau möglich sein wird. Jede zentralistische Gewalt, wie sie der preußische Staat in Deutschland und Europa auszuüben versucht hat, muß im Keime erstickt werden. Das kommende Deutschland kann nur föderalistisch sein. Nur eine gesunde föderalistische Staatenordnung vermag heute noch das geschwächte Europa mit neuem Leben zu erfüllen. Die Arbeiterschaft muß durch einen vernünftigen Sozialismus aus ihrem Zustand niedrigster Sklaverei befreit werden. Das Truggebilde der autarken Wirtschaft muß in Europa verschwinden. Jedes Volk, jeder einzelne hat ein Recht auf die Güter der Welt!

Freiheit der Rede, Freiheit des Bekenntnisses, Schutz des einzelnen Bürgers vor der Willkür verbrecherischer Gewaltstaaten, das sind die Grundlagen des neuen Europa.

Unterstützt die Widerstandsbewegung, verbreitet die Flugblätter!

Flugblatt VI

Kommilitoninnen! Kommilitonen!

Erschüttert steht unser Volk vor dem Untergang der Männer von Stalingrad. Dreihundertdreißigtausend deutsche Männer hat die geniale Strategie des Weltkriegsgefreiten sinn- und verantwortungslos in Tod und Verderben gehetzt. Führer, wir danken dir!

Es gärt im deutschen Volk: Wollen wir weiter einem Dilettanten das Schicksal unserer Armeen anvertrauen? Wollen wir den niedrigsten Machtinstinkten einer Parteiclique den Rest unserer deutschen Jugend opfern? Nimmermehr!

Der Tag der Abrechnung ist gekommen, der Abrechnung der deutschen Jugend mit der verabscheuungswürdigsten Tyrannis, die unser Volk je erduldet hat. Im Namen des ganzen deutschen Volkes fordern wir vom Staat Adolf Hitlers die persönliche Freiheit, das kostbarste Gut der Deutschen zurück, um das er uns in der erbärmlichsten Weise betrogen hat.

In einem Staat rücksichtsloser Knebelung jeder freien Meinungsäußerung sind wir aufgewachsen. HJ, SA und SS haben uns in den fruchtbarsten Bildungsjahren unseres Lebens zu uniformieren, zu revolutionieren, zu narkotisieren versucht. "Weltanschauliche Schulung" hieß die verächtliche Methode, das aufkeimende Selbstdenken und Selbstwerten in einem Nebel leerer Phrasen zu ersticken. Eine Führerauslese, wie sie teuflischer und zugleich bornierter nicht gedacht werden kann, zieht ihre künftigen Parteibonzen auf Ordensburgen zu gottlosen, schamlosen und gewissenlosen Ausbeutern und Mordbuben heran, zur blinden, stupiden Führergefolgschaft. Wir "Arbeiter des Geistes" wären gerade recht, dieser neuen Herrenschicht den Knüppel zu machen. Frontkämpfer werden von Studentenführern und Gauleiteraspiranten wie Schulbuben gemaßregelt, Gauleiter greifen mit geilen Späßen den Studentinnen an die Ehre. Deutsche Studentinnen haben an der Münchner Hochschule auf die Besudelung ihrer Ehre eine würdige Antwort gegeben, deutsche Studenten haben sich für ihre Kameradinnen eingesetzt und standgehalten. Das ist ein Anfang zur Erkämpfung unserer freien Selbstbestimmung, ohne die geistige Werte nicht geschaffen werden können. Unser Dank gilt den tapferen Kameradinnen und Kameraden, die mit leuchtendem Beispiel vorangegangen sind!

Es gibt für uns nur eine Parole: Kampf gegen die Partei! Heraus aus den Parteigliederungen, in denen man uns politisch weiter mundtot halten will! Heraus aus den Hörsälen der SS-Unter- und -Oberführer und Parteikriecher! Es geht uns um wahre Wissenschaft und echte Geistesfreiheit! Kein Drohmittel kann uns schrecken, auch nicht die Schließung unserer Hochschulen. Es gilt den Kampf jedes einzelnen von uns um unsere Zukunft, unsere Freiheit und Ehre in einem seiner sittlichen Verantwortung bewußten Staatswesen.

Freiheit und Ehre! Zehn lange Jahre haben Hitler und seine Genossen die beiden herrlichen deutschen Worte bis zum Ekel ausgequetscht, abgedroschen, verdreht, wie es nur Dilettanten vermögen, die die höchsten Werte einer Nation vor die Säue werfen. Was ihnen Freiheit und Ehre gilt, das haben sie in zehn Jahren der Zerstörung aller materiellen und geistigen Freiheit, aller sittlichen Substanz im deutschen Volk genugsam gezeigt. Auch dem dümmsten Deutschen hat das furchtbare Blutbad die Augen geöffnet, das sie im Namen von Freiheit und Ehre der deutschen Nation in ganz Europa angerichtet haben und täglich neu anrichten. Der deutsche Name bleibt für immer geschändet, wenn nicht die deutsche Jugend endlich aufsteht, rächt und sühnt zugleich, ihre Peiniger zerschmettert und ein neues geistiges Europa aufrichtet.

Studentinnen! Studenten! Auf uns sieht das deutsche Volk! Von uns erwartet es, wie 1813 die Brechung des Napoleonischen, so 1943 die Brechung des nationalsozialistischen Terrors aus der Macht des Geistes. Beresina und Stalingrad flammen im Osten auf, die Toten von Stalingrad beschwören uns!

"Frisch auf mein Volk, die Flammenzeichen rauchen!"

Unser Volk steht im Aufbruch gegen die Verknechtung Europas durch den Nationalsozialismus, im neuen gläubigen Durchbruch von Freiheit und Ehre!

Quelle: http://weisse-rose-stiftung.de

11. Personen

Die kurzbiografischen Anmerkungen beziehen sich auf die Ereignis- und Handlungszeit der Kapitel 6, 7, und 8.

Otl Aicher (1922-1991), Gegner des Nazi-Regimes, wegen Ablehnung einer Mitgliedschaft in der HJ vom Abitur ausgeschlossen, Freund der Geschwister Scholl, heiratete später Inge Scholl.

Karl Alt (1897-1951), evangelischer Pfarrer, begleitete Hans und Sophie Scholl kurz vor ihrer Hinrichtung.

Hermann Cuhorst (1899-1991), Vorsitzender des Sondergerichts Stuttgart, leitete 1938 das Gerichtsverfahren gegen Hans Scholl und später weitere gegen Mitglieder der Familie Scholl.

Manfred Eickemeyer (1903-1978), Architekt und Kunstmaler, stellte sein Atelier der Weißen Rose für Begegnungen und Veranstaltungen zur Verfügung.

Roland Freisler (1893-1945), Hitlers „Blutrichter", Präsident des Volksgerichtshofs, leitete auch Prozesse gegen Mitglieder der Weißen Rose.

Else Gebel (1905-1964), wegen Mitgliedschaft in einer kommunistischen Widerstandsgruppe verhaftet, Zellgenossin der zum Tode verurteilten Sophie Scholl.

Paul Giesler (1895-1945), Gauleiter von München-Oberbayern, von Adolf Hitler in dessen Testament als Nachfolger von Heinrich Himmler zum Reichsminister des Innern bestimmt.

Willi Graf (1918-1943), Student der Medizin, Mitglied der Widerstandsgruppe Weiße Rose, vom Volksgerichtshof zum Tode verurteilt und durch das Fallbeil hingerichtet.

Eugen Grimminger (1892-1986), Buchprüfer, befreundet mit Robert Scholl, unterstützte die Weiße Rose finanziell, vom Volksgerichtshof zu zehn Jahren Gefängnis verurteilt.

Theodor Haecker, (1879-1945), Philosoph und Kulturkritiker, Gegner des Nationalsozialismus, einer der Mentoren der Weißen Rose.

Falk Harnack (1913-1991), Widerstandskämpfer gegen den Nationalsozialismus, unterhielt Kontakte zur Weißen Rose, vom Volksgerichtshof mangels Beweisen freigesprochen.

Fritz Hartnagel (1917-2001), Berufsoffizier, Freund von Sophie Scholl, heiratete nach dem Kriegsende Sophie Schwester Elisabeth.

Hans Hirzel (1924-2006), bekannt mit Hans Scholl, unterstützte die Weiße Rose bei der Verbreitung des fünften Flugblatts, vom Volksgerichtshof zu fünf Jahren Gefängnis verurteilt.

Susanne Hirzel (1921-2012), Jugendfreundin von Sophie Scholl, unterstützte die Weiße Rose bei der Verbreitung des fünften Flugblatts, vom Volksgerichtshof zu sechs Monaten Gefängnis verurteilt.

Kurt Huber (1893-1943), Professor für Musikwissenschaften und Psychologie an der Ludwig-Maximilians-Universität München, Mitglied und einer der Mentoren der Widerstandsgruppe Weiße Rose, vom Volksgerichtshof zum Tode verurteilt und durch das Fallbeil hingerichtet

Traute Lafrenz, (*1919), Studentin der Medizin, Freundin von Hans Scholl, Verbindungsglied zwischen der Weißen Rose und ihrem hanseatischen Ableger in Hamburg, vom Volksgerichtshof wegen Mitwisserschaft zu einem Jahr Gefängnis verurteilt.

Robert Mohr (1897-1977), Kriminalobersekretär bei der Gestapo-Leitstelle in München, verhörte nach ihrer Verhaftung Sophie Scholl.

Franz Josef Müller (*1924), Freund von Hans Hirzel, unterstützte die Weiße Rose bei der Verbreitung des fünften Flugblatts, vom Volksgerichtshof zu fünf Jahren Gefängnis verurteilt.

Carl Muth (1867-1944), reformkatholischer Publizist, Gegner des Nationalsozialismus, zentraler Mentor der Weißen Rose.

Rose Nägele (1921-2013), Tochter einer mit den Scholls befreundeten Arztfamilie, Freundin von Hans Scholl.

Luise Nathan (1921-2009), jüdische Klassenkameradin von Sophie Scholl, musste die Ulmer Mädchenoberrealschule aus rassischen Gründen verlassen.

Max von Neubeck (1914-1989), Sohn des Ulmer Festungskommandanten, Hans Scholls Fähnlein- und Jungzugführer in der Ulmer Hitlerjugend.

Christoph Probst (1919-1943), Student der Medizin, Mitglied der Widerstandsgruppe Weiße Rose, vom Volksgerichtshof zum Tode verurteilt und durch das Fallbeil hingerichtet.

Ernst Reden (1914-1942), Anhänger bündischer Traditionen, lernte Hans Scholl während seines Militärdienstes in Ulm kennen.

Lisa Remppis (1923-1971), Hans Scholls erste Liebe, Sophie Scholls engste Freundin seit der Kindheit.

Leo Samberger (? ?), Jura-Student und Gerichtsreferendar, beobachtete den Volksgerichtshof-Prozess gegen die Geschwister Scholl.

Gisela Schertling (1922-1994), Studentin der Germanistik, Hans Scholls letzte Liebe, vom Volksgerichtshof zu einem Jahr Gefängnis verurteilt.

Jakob Schmid (1886-1964), Hausmeister an der Ludwig-Maximilians-Universität München, ertappte die Geschwister Scholl bei ihrer Flugblattaktion.

Alexander Schmorell (1917-1943), Student der Medizin, Mitglied der Widerstandsgruppe Weiße Rose, vom Volksgerichtshof zum Tode verurteilt und durch das Fallbeil hingerichtet.

Elisabeth Scholl (*1920), Schwester von Hans und Sophie Scholl, nach deren Hinrichtung in Sippenhaft genommen, heiratete 1945 Sophies Freund Fritz Hartnagel.

Hans Scholl (1918-1943), Student der Medizin, führender Kopf der Widerstandsgruppe Weiße Rose, vom Volksgerichtshof zum Tode verurteilt und durch das Fallbeil hingerichtet.

Lina Scholl (1881-1958), ehemalige Diakonissenschwester, Mutter der Geschwister Scholl, nach deren Hinrichtung in Sippenhaft genommen.

Robert Scholl (1891-1973), Steuerberater und Wirtschaftsprüfer, Vater der Geschwister Scholl, Gegner des Nationalsozialismus, zweimal zu Gefängnis verurteilt, außerdem mit Berufsverbot belegt.

Sophie Scholl (1921-1943), Studentin der Biologie und Philosophie, Mitglied der Widerstandsgruppe Weiße Rose, vom Volksgerichtshof zum Tode verurteilt und durch das Fallbeil hingerichtet.

Werner Scholl (1922-1944), Bruder von Hans und Sophie Scholl, Sanitätssoldat, Gegner des Nationalsozialismus, seit Juni1944 vermisst.

Charlotte Thurau (*1917), Sophie Scholls Jungmädelführerin, befreundet mit den Scholl-Schwestern.

Annelies Wallersteiner (*1921), jüdische Klassenkameradin von Sophie Scholl, emigrierte 1939 mit ihrer Familie nach England.

12. Zeittafel: Hans und Sophie Scholl

1919

Hans Scholl wird am 22.9.1919 in Ingersheim an der Jagst (heute Crailsheim) geboren.

1921

Sophie Scholl wird am 9.5.1921 in Forchtenberg am Kocher geboren.

1930

Die Familie Scholl zieht nach Ludwigsburg um.

1932

Die Familie Scholl zieht nach Ulm um.

1933

Adolf Hitler wird Reichskanzler.

Die Nationalsozialisten bekommen die totale Macht übertragen.

Hans Scholl tritt in das Jungvolk der Hitlerjugend ein und wird binnen kurzer Zeit Schaftführer.

1934

Sophie Scholl wird Mitglied beim Bund Deutscher Mädchen (BDM).

1935

Hans Scholl wird Fähnleinführer im Jungvolk.

Hans Scholl nimmt als Fahnenträger am Reichsparteitag in Nürnberg teil.

Sophie Scholl wird Schaftführerin der Jungmädeln in Ulm-Wiblingen.

1936

Hans Scholl wird nach dem „Fahnenkonflikt" als Fähnleinführer abgesetzt.

Sophie Scholl wird Scharführerin der Jungmädeln in Ulm-Söflingen.

Hans Scholl unternimmt mit seiner dj.1.11-Horte eine illegale Fahrt nach Lappland.

1937

Hans Scholl besteht das Abitur und wird anschließend zum Reichsarbeitsdienst eingezogen.

Sophie Scholl wird in BDM-Uniform konfirmiert.

Hans Scholl beginnt seinen Militärdienst bei der Kavallerie in Bad Cannstatt.

Sophie Scholl lernt Fritz Hartnagel kennen.

Die Gestapo führt eine Verhaftungsaktion durch, von der einige Scholl-Kinder und Ulmer dj.1.11-Mitglieder betroffen sind.

Hans Scholl wird wegen Fortsetzung verbotener bündischer Tätigkeit verhaftet.

Hans Scholl wird kurz vor Jahresende aus der U-Haft entlassen.

1938

Sophie Scholl, ihre Schwester Elisabeth und Susanne Hirzel werden als Jungmädelscharführerinnen abgesetzt.

Hans Scholl wird von einem Sondergericht zu einem Monat Gefängnis verurteilt und gleichzeitig amnestiert.

Auch in Ulm finden am 9. und 10. November Pogrome gegen Juden und jüdische Einrichtungen statt.

1939

Die Familie Scholl bezieht am Ulmer Münsterplatz 33 eine neue Wohnung.

Hans Scholl nimmt in München das Studium der Humanmedizin auf.

Mit dem Einmarsch in Polen beginnt der Zweite Weltkrieg.

1940

Sophie Scholl macht ihr Abitur und beginnt am Fröbelseminar eine Kindergärtnerinnen-Ausbildung.

Hans Scholl nimmt als Sanitätsfeldwebel am Krieg gegen Frankreich teil.

Hans Scholl lernt Alexander Schmorell kennen.

1941

Sophie Scholl besteht das Kindergärtnerinnen-Examen.

Sophie Scholl tritt ihren halbjährigen Reichsarbeitsdienst an, danach einen halbjährigen Kriegshilfsdienst.

Hans Scholl lernt seinen Mentor Carl Muth kennen.

1942

Sophie Scholl immatrikuliert sich an der Universität München in den Fächern Biologie und Philosophie.

Hans Scholl und Alexander Schmorell verfassen die ersten vier Flugblätter der Weißen Rose.

Dem inneren Kreis der Widerstandsgruppe Weiße Rose gehören an: Hans und Sophie Scholl, Alexander Schmorell, Willi Graf, Christoph Probst und Professor Kurt Huber.

Hans Scholl, Alexander Schmorell und Willi Graf müssen eine dreimonatige Feldfamulatur in Russland absolvieren.

Sophie Scholl muss in einer Ulmer Rüstungsfabrik einen zweimonatigen Kriegshilfsdienst verrichten.

Robert Scholl wird wegen abfälliger Äußerung über Adolf Hitler zu einer viermonatigen Gefängnisstrafe verurteilt und erhält Berufsverbot als Steuerberater.

1943

Es erscheinen zwei weitere Flugblätter der Weißen Rose.

An Häuser der Münchner Innenstadt bringen Hans Scholl und Alexander Schmorell Parolen an: „Freiheit" und „Nieder mit Hitler".

Hans und Sophie Scholl werden beim Flugblattverteilen in der Universität entdeckt und von der Gestapo verhaftet.

Hans und Sophie Scholl werden am 22. Februar gemeinsam mit Christoph Probst vom Volksgerichtshof zum Tode verurteilt und durch das Fallbeil hingerichtet.

13. Literaturverzeichnis

A

Adams, G.R./Berzonsky, M.D. (Eds.): Blackwell Handbook of Adolescence. Oxford: Blackwell 2006.

B

Bassler, S.: Die Weiße Rose. Zeitzeugen erinnern sich. Reinbek bei Hamburg: Rowohlt 2006.

Bauriedl, T.: Das Leben riskieren. Psychoanalytische Perspektiven des politischen Widerstands. München: Piper 1988.

Beuys, B.: Sophie Scholl. Biografie. München: Hanser 2010.

C

Chaussy, U./Ueberschär, G. R.: „Es lebe die Freiheit!" Die Geschichte der Weißen Rose und ihrer Mitglieder in Dokumenten und Berichten. Frankfurt am Main: Fischer 2013.

E

Edelstein, W.: Gesellschaftliche Anomie und moralpädagogische Intervention. Moral im Zeitalter individueller Wirksamkeitserwartungen. In: Edelstein, W./Oser, F./Schuster, P.: Moralische Erziehung in der Schule. Entwicklungspsychologie und pädagogische Praxis. Weinheim und Basel: Beltz 2001.

Edelstein, W./Oser, F./Schuster, P.: Moralische Erziehung in der Schule. Entwicklungspsychologie und pädagogische Praxis. Weinheim und Basel: Beltz 2001.

Ellermeier, B.: Hans Scholl. Biographie. Hamburg: Hoffmann und Campe 2012.

F

Freud, S.: Das Ich und das Es. Metapsychologische Schriften. Frankfurt: Fischer 2011 (13. Aufl.).

G

Gartz, D.: Sozialpsychologische Entwicklungstheorien. Von Mead, Piaget und Kohlberg bis zur Gegenwart. Wiesbaden: Verlag für Sozialwissenschaft 2008 (4. Aufl.).

Gottschalk, M.: Schluss. Jetzt werde ich etwas tun. Weinheim und Basel: Beltz & Gelberg 2012.

H

Hartnagel, T. (Hrsg.): Sophie Scholl, Fritz Hartnagel. Damit wir uns nicht verlieren. Briefwechsel 1937-1943. Frankfurt am Main: Fischer 2008.

Heidbrink, H.: Einführung in die Moralpsychologie. Weinheim und Basel: Beltz 2008 (3. Aufl.).

Herrmann, U.: Vom HJ-Führer zur Weißen Rose. Hans Scholl vor dem Stuttgarter Sondergericht 1937/38. Weinheim und Basel: Beltz Juventa 2012.

Hirzel, S.: Vom Ja zum Nein. Eine schwäbische Jugend 1933-1945. Tübingen: Klöpfer & Meyer 1998.

Höffe, O.: Lexikon der Ethik. München: Beck 2008 (7. Aufl.).

Holler, E.: Die Ulmer „Trabanten". Hans Scholl zwischen Hitlerjugend und dj.1.11. puls 22. Dokumentationsschrift der Jugendbewegung. Stuttgart: Verlag der Jugendbewegung 1999.

J

Jens, I. (Hrsg.): Hans und Sophie Scholl. Briefe und Aufzeichnungen. Frankfurt am Main: Fischer 1984.

K

Kant, I.: Grundlegung zur Metaphysik der Sitten. Riga: Hartknoch 1786 (2. Aufl.).

Keller, M.: Moral in Beziehungen: Die Entwicklung des frühen moralischen Denkens in Kindheit und Jugend. In: Edelstein, W./Oser, F./Schuster, P.: Moralische Erziehung in der Schule. Entwicklungspsychologie und pädagogische Praxis. Weinheim und Basel: Beltz 2001.

Keller, M.: Moralentwicklung und moralische Sozialisation. http://www.mpib-berlin.mpg.de/volltexte/institut/dok/full/keller/Keller_Moralentwicklung_2005.pdf

Kershaw, I.: Hitler. 1889-1936. Stuttgart: Deutsche Verlags-Anstalt 1998 (2. Auflage).

Kohlberg, L.: Die Psychologie der Moralentwicklung. Herausgegeben von Wolfgang Althof unter Mitarbeit von Gil Noam und Fritz Oser. Frankfurt am Main: Suhrkamp 1996.

Kohlberg, L.: Die Psychologie der Lebensspanne. Frankfurt am Main: Suhrkamp 2007.

L

Lechner, S.: Das KZ Oberer Kuhberg und die NS-Zeit in der Region Ulm/Neu-Ulm. Stuttgart: Silberburg 1988.

Leisner, B.: Sophie Scholl. „Ich würde es genauso wieder machen". München: List 2004 (6. Aufl.).

Lind, G.: Moral ist lehrbar. Handbuch zur Theorie und Praxis moralischer und demokratischer Bildung. München: Oldenbourg 2009 (2. Aufl.).

M

Moll, C. (Hrsg.): Alexander Schmorell, Christoph Probst. Gesammelte Briefe. Berlin: Lukas 2011.

Mommsen, H.: Die Opposition gegen Hitler und die deutsche Gesellschaft 1933-1945. In: Müller, K.J. (Hrsg.): Der deutsche Widerstand 1933-1945. Paderborn: Schöningh 1990 (2. Aufl.).

Müller, K.J. (Hrsg.): Der deutsche Widerstand 1933-1945. Paderborn: Schöningh 1990 (2. Aufl.).

N

Nunner-Winkler, G.: Moral. In: Schneider, W./Lindenberger, U.: Entwicklungspsychologie. Weinheim und Basel: Beltz 2012 (7. Aufl.).

O

Oser, F.: Acht Strategien der Wert- und Moralerziehung. In: Edelstein, W./Oser, F./Schuster, P.: Moralische Erziehung in der Schule. Entwicklungspsychologie und pädagogische Praxis. Weinheim und Basel: Beltz 2001.

Oser, F.: Zur Psychologie der Moralerziehung. In: Schneider, W./Hasselhorn, M. (Hrsg.): Handbuch der Pädagogischen Psychologie. Göttingen: Hogrefe 2008.

Oser, F./Althof, W.: Die gerechte Schulgemeinschaft: Lernen durch Gestaltung des Schullebens. In: Edelstein, W./Oser, F./Schuster, P.: Moralische Erziehung in der Schule. Entwicklungspsychologie und pädagogische Praxis. Weinheim und Basel: Beltz 2001.

Oser, F./Näpflin, C.: Moralentwicklung und Moralförderung. In: Rost, D. (Hrsg.): Handwörterbuch der Pädagogischen Psychologie. Weinheim und Basel: Beltz 2010 (4. Aufl.).

P

Piaget, J.: The moral judgement of the child. Harmondsworth: Penguin Books 1932.

R

Rost, D. (Hrsg.): Handwörterbuch der Pädagogischen Psychologie. Weinheim und Basel: Beltz 2010 (4. Aufl.).

Rousseau, J. J.: Émile oder Über die Erziehung. Paderborn: Schöningh 1971.

S

Scholl, I.: Die Weiße Rose. Frankfurt am Main: Fischer 2012 (14. Aufl.).

Schüler, B.: „Im Geiste der Gemordeten ...": Die Weiße Rose und ihre Wirkungen in der Nachkriegszeit. Paderborn: Schöningh 2000.

Schuster, P.: Von der Theorie zur Praxis – Wege zur unterrichtspraktischen Umsetzung des Ansatzes von Kohlberg. In: Edelstein, W./Oser, F./Schuster, P.: Moralische Erziehung in der Schule. Entwicklungspsychologie und pädagogische Praxis. Weinheim und Basel: Beltz 2001.

Smetana, J.G./Turiel, E.: Moral development during adolescence. In: Adams, G.R./Berzonsky, M.D. (Eds.): Blackwell Handbook of Adolescence. Oxford: Blackwell 2006.

Steinbach, P./Tuchel, J.: Widerstand in Deutschland 1933-1945. Ein historisches Lesebuch. München: Beck 2000 (3. Aufl.).

Sturms, F.: Die Weiße Rose. Die Geschwister Scholl und der Studentische Widerstand. Wiesbaden: Marix 2013.

V

Verplaetse, J.: Der moralische Instinkt. Über den natürlichen Ursprung unserer Moral. Göttingen: Vandenhoeck & Ruprecht 2011.

Vinke, H.: Das kurze Leben der Sophie Scholl. Mit einem Interview von Ilse Aichinger. Ravensburg: Otto Maier 1980.

Vinke, H.: Fritz Hartnagel. Der Freund von Sophie Scholl. Zürich und Hamburg: Arche 2005.

Z

Zimbardo, P. G.: Der Luzifer-Effekt. Die Macht der Umstände und die Psychologie des Bösen. Berlin: Spectrum 2012.

14. Abbildungsverzeichnis

Lawrence Kohlberg
http://institute4learning.com/blog/2012/08/08/the-stages-of-life-according-to-lawrence-kohlberg/

Jean Piaget
http://www.proprofs.com/flashcards/story.php?title=famous-psychologists_1

Robert und Lina Scholl
http://weisse-rose-crailsheim.de/projekt-wg13-1/dvater.htm

Robert Scholl mit seinen Kindern im Jahr 1931
http://www.einestages.spiegel.de

Sophie Scholls Freund Fritz Hartnagel
http://www.dubistanders.de

Alexander Schmorell
http://www.planet-wissen.de

Carl Muth, Hans Scholls Mentor
http:// raincitypastor.blogspot.com

Professor Kurt Huber
http://www.bpb.de/cache/images/5/61005-1x2-article220.jpg%3F8C69D

Hans Scholl, Sophie Scholl und Christoph Probst am Münchner Ostbahnhof
http://www.sehaisetediluce.it/rosa_bianca.htm

Präsident des Volksgerichtshofs Roland Freisler
Bundesarchiv, Bild 183-J03238 / CC-BY-SA
http://commons.wikimedia.org/wiki/File:Bundesarchiv_Bild_183-J03238,_Roland_Freisler.jpg?uselang=de

Meldung über die Hinrichtung der Geschwister Scholl im Ulmer Tagblatt
http://www.gerechte-der-pflege.net/wiki/images/6/6b/Pressemitteilungscholl.jpg

Centaurus Buchtipp

Gustav Keller

Die Schülerschelte

Leidensgeschichte einer Generation

Reihe Pädagogik, Band 52
2013, 97 S., br.,
ISBN 978-3-86226-252-6, **€ 18,80**

Immer häufiger hört und liest man, noch nie seien unsere Schüler so unmotiviert, unkonzentriert, unwissend und verhaltensauffällig gewesen. Was ist wirklich dran an dieser Schülerschelte? Dazu wirft der Autor einen fundierten Blick in die Geschichte. Ausgehend von der Hochkultur der Sumerer, wo vor 5000 Jahren die ersten Schulen gegründet wurden, bis zur Gegenwart vergleicht er die Schülerbilder der Erwachsenen und widerlegt die Horrorvision vom Leistungs- und Verhaltenszerfall. Aufbauend darauf analysiert er die Ursachen dieser Wahrnehmungsstörung und plädiert für ein differenzierteres und gerechteres Schülerbild.

www.centaurus-verlag.de

Centaurus Buchtipps

Gustav Keller
Die Lehrerschelte
Leidensgeschichte einer Profession
Reihe Pädagogik, Band 48, 2013, 110 S., br.,
ISBN 978-3-86226-234-2, € 18,80

„Ein interessantes Buch mit vielen diskussionswürdigen Ansatzpunkten."
Arthur Thömmes, auf lehrerbibliothek.de.

Reinhold Miller
Frei von Erziehung, reich an Beziehung
Plädoyer für ein neues Miteinander
Reihe Pädagogik, Bd. 49, 2013, 200 S.,
ISBN 978-3-86226-238-0, **€ 19,80**

„In seinem Buch artikuliert Reinhold Miller einen Wunsch: 'Dass viele Menschen sich vom Erziehen verabschieden; dass sie ihre eigenen Erfahrungen als Maßstab für ihr Leben betrachten; und dass sie ihre Beziehungen intensiv, vital und mündig verwirklichen können.' Sein Buch bietet den besten Leitfaden dazu."
oé, in: Rhein-Neckar-Zeitung vom 23.07.2013, S. 5.

Lars Bruhn, Jürgen Homann (Hrsg.)
UniVision 2020
Perspektiven für eine barriere- und diskriminierungsfreie Hochschule
Reihe Pädagogik, Bd. 51, 2014, 266 S.,
ISBN 978-3-86226-235-9, **€ 23,80**

Werner Haisch, Hermann Kolbe (Hrsg.)
Gestaltung der Lebens- und Arbeitsqualität in sozialen Diensten
Planung und Organisation
Reihe Pädagogik, Bd. 47, 2013, 425 S.,
ISBN 978-3-86226-223-6, **€ 25,80**

Burkhard Bierhoff
Kritisch-Humanistische Erziehung
Pädagogik nach Erich Fromm
Centaurus Paper Apps XL, Bd. 28, 2013, 100 S.,
ISBN 978-3-86226-186-4, **€ 8,80**

Jens Benicke
Autorität & Charakter
Centaurus Paper Apps, Bd. 20, 2012, 54 S.,
ISBN 978-3-86226-167-3, **€ 5,80**

„Benicke verweist darauf, dass mit dieser Theorie viel zur Erklärung rechtsextremistischer Einstellungen beigetragen werden könne."
Redaktion, in: Portal für Politikwissenschaft, veröffentlicht am 20.09.2012

Informationen und weitere Titel unter www.centaurus-verlag.de

MIX
Papier aus verantwortungsvollen Quellen
Paper from responsible sources
FSC® C105338

If you have any concerns about our products,
you can contact us on
ProductSafety@springernature.com

In case Publisher is established outside the EU,
the EU authorized representative is:
Springer Nature Customer Service Center GmbH
Europaplatz 3, 69115 Heidelberg, Germany

Printed by Libri Plureos GmbH
in Hamburg, Germany